LIBERDADE E PROPRIEDADE
ENSAIOS SOBRE O PODER DAS IDEIAS

Coleção von Mises

01 - As Seis Lições: Reflexões sobre Política Econômica para Hoje e Amanhã
02 - O Contexto Histórico da Escola Austríaca de Economia
03 - O Conflito de Interesses e Outros Ensaios
04 - Lucros e Perdas
05 - O Cálculo Econômico em uma Comunidade Socialista
06 - Liberdade e Propriedade: Ensaios sobre o Poder das Ideias
07 - A Mentalidade Anticapitalista
08 - O Marxismo Desmascarado: Da Desilusão à Destruição
09 - O Livre Mercado e seus Inimigos: Pseudociência, Socialismo e Inflação
10 - Sobre Moeda e Inflação: Uma Síntese de Diversas Palestras
11 - Caos Planejado: Intervencionismo, Socialismo, Fascismo e Nazismo
12 - Crítica ao Intervencionismo: Estudo sobre a Política Econômica e a Ideologia Atuais
13 - Intervencionismo: Uma Análise Econômica
14 - Burocracia
15 - Os Fundamentos Últimos da Ciência Econômica: Um Ensaio sobre o Método

LUDWIG VON MISES

LIBERDADE E PROPRIEDADE

ENSAIOS SOBRE O PODER DAS IDEIAS

Tradução de Evandro Ferreira e Silva e Claudio A. Téllez-Zepeda
Prefácio à edição brasileira por André Luiz Santa Cruz Ramos
Apresentação à edição brasileira por Jörg Guido Hülsmann
Textos anexos de Ludwig von Mises e de F. A. Hayek
Posfácio à edição brasileira por Claudio A. Téllez-Zepeda

Impresso no Brasil, 2017

Título original: *Liberty and Property*
Copyright © 2009 by Ludwig von Mises Institute
Copyright dos ensaios © 1990 by Ludwig von Mises Institute
Copyright dos anexos © 2009 by Ludwig von Mises Institute
Copyright da apresentação © 2012 by Jörg Guido Hülsmann

Os direitos desta edição pertencem a
Instituto Ludwig von Mises Brasil
Rua Leopoldo Couto de Magalhães Júnior, 1098, Cj. 46
04.542-001. São Paulo, SP, Brasil
Telefax: 55 (11) 3704-3782
contato@mises.org.br · www.mises.org.br

Editor Responsável | Alex Catharino
Curador da Coleção | Helio Beltrão
Tradução | Evandro Ferreira e Silva & Claudio A. Téllez-Zepeda
Revisão da Tradução | Márcia Xavier de Brito
Revisão ortográfica e gramatical | Carlos Nougué
Revisão técnica | Alex Catharino
Preparação de texto e Elaboração do índice remissivo | Alex Catharino & Márcio Scansani
Revisão final | Alex Catharino, Márcia Xavier de Brito & Márcio Scansani
Produção editorial | Alex Catharino & Márcia Xavier de Brito
Capa e projeto gráfico | Rogério Salgado / Spress
Diagramação e editoração | Spress Diagramação
Pré-impressão e impressão | Bartira

M678l
    Mises, Ludwig von
        Liberdade e propriedade: ensaios sobre o poder das ideias / Ludwig von Mises; tradução de Evandro Ferreira Silva; Claudio A. Téllez-Zepeda. – São Paulo: LVM, 2017; Coleção von Mises.
        288 p.
    Tradução de: Liberty and Property

    ISBN 978-85-93751-04-2

    1. Ciências Sociais. I. Título. II. Ferreira Silva, Evandro. III. Téllez-Zapeda, Claudio A.

                                                                    CDD 300

Reservados todos os direitos desta obra.
Proibida toda e qualquer reprodução integral desta edição por qualquer meio ou forma, seja eletrônica ou mecânica, fotocópia, gravação ou qualquer outro meio de reprodução sem permissão expressa do editor.
A reprodução parcial é permitida, desde que citada a fonte.

Esta editora empenhou-se em contatar os responsáveis pelos direitos autorais de todas as imagens e de outros materiais utilizados neste livro.
Se porventura for constatada a omissão involuntária na identificação de algum deles, dispomo-nos a efetuar, futuramente, os possíveis acertos.

008   Nota à Edição Brasileira
Alex Catharino

012   Prefácio à Edição Brasileira
André Luiz Santa Cruz Ramos

024   Apresentação à Edição Brasileira Ludwig von Mises e as Organizações Libertárias: Lições Estratégicas
Jörg Guido Hülsmann

Parte I
Liberdade e Propriedade

075   Capítulo 1
As Duas Noções de Liberdade

079   Capítulo 2
A Liberdade e o Capitalismo

087   Capítulo 3
A Soberania dos Consumidores e a Preservação da Liberdade

095   Capítulo 4
O Capitalismo e o Homem Comum

099   Capítulo 5
A Liberdade e o Estado

109   Capítulo 6
A Poupança e os Investimentos

113   Capítulo 7
A Filosofia Individualista e o Capitalismo

Sumário

Parte II
Ensaios sobre o Poder das Ideias

119 Ensaio I
O Papel das Doutrinas na História Humana

145 Ensaio II
A Ideia de Liberdade é Ocidental

Parte III
Anexos

167 Anexo I
Observações Sobre o Plano do Professor Hayek
Ludwig von Mises

173 Anexo II
Discurso de Abertura a uma Conferência na Mont Pelerin
F. A. Hayek

197 Anexo III
Declaração de Objetivos da Sociedade Mont Pèlerin

201 Posfácio à Edição Brasileira:
A Evolução da Propriedade como Instituição Fundamental da Modernidade
Claudio A. Téllez-Zepeda

269 Índice Remissivo e Onomástico

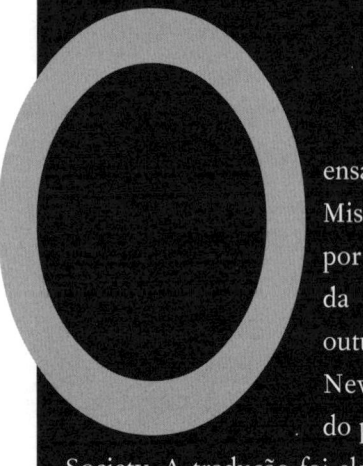

O ensaio *Liberdade e Propriedade* de Ludwig von Mises (1881-1973), traduzido para o português por Evandro Ferreira e Silva, é o texto integral da conferência ministrada pelo autor em outubro de 1958, na Princeton University, em New Jersey, nos Estados Unidos, como parte do programa da nona reunião da Mont Pelerin Society. A tradução foi elaborada a partir da edição norte-americana publicada, em 1979, pelo Ludwig von Mises Institute como o livro *Liberty and Prosperity*. Na versão original em inglês os capítulos não possuem títulos, que foram criados pelo editor na versão em português.

Na presente edição brasileira foram acrescidos os ensaios "The Role of Doctrines in Human History", escrito em 1949 ou em 1950, mas lançado apenas postumamente, e "The Idea of Liberty is Western", publicado na edição de outubro de 1950 do periódico *American Affairs*.

Nota à Edição Brasileira

Os dois textos, traduzidos por Claudio A. Téllez-Zepeda, foram lançados em 1990 na coletânea *Money, Method, and the Market Process: Essays by Ludwig von Mises*, com textos selecionados por Margit von Mises (1890-1993) e editados por Richard M. Ebeling, sendo publicada pelo Ludwig von Mises Institute.

Incluímos, também, três anexos, traduzidos por Claudio A. Téllez-Zepeda. O primeiro é o memorando elaborado por Ludwig von Mises a pedido de Henry Hazlitt (1894-1993), acerca do projeto de Hayek para a constituição da Mont Pelerin Society, cujo texto original, datado de 31 de dezembro de 1946, se encontra no Grove City College Archive, na Pennsylvania, sendo lançado no periódico *Libertarian Papers* (Volume 1, Number 2, 2009). O segundo é texto da conferência de abertura da primeira reunião da Mont Pelerin Society, ministrada por F. A. Hayek, no dia 1º de abril de 1947, em um hotel na vila de Mont Pèlerin, próxima à cidade de Vevey na Suíça. Finalmente, o terceiro é a Declaração de Objetivos da Sociedade Mont Pèlerin, estabelecida em 8 abril de 1947.

Foi adicionado, como apresentação, o ensaio de Jörg Guido Hülsmann, traduzido por Claudio A. Téllez-Zepeda, que é o texto da conferência ministrada pelo autor em 4 de setembro de 2012, na reunião da Mont Pelerin Society, em Praga, na República Tcheca, que foi publicado no periódico *New Perspectives on Political Economy* (Volume 8, Issue 1, 2012). Foram escritos com exclusividade para a edição brasileira um prefácio por André Luiz Santa Cruz Ramos e o posfácio de Claudio A. Téllez-Zepeda. Algumas notas de rodapé elaboradas por nós e devidamente sinalizadas como Notas do Editor (N. E.) foram acrescidas com a finalidade de definir termos e conceitos, referendar determinadas citações ou afirmações, esclarecer o contexto histórico-cultural de algum fato ou personagem mencionado pelo autor e indicar a bibliografia de obras citadas ou oferecer estudos complementares. Um índice remissivo e onomástico foi acrescido, no qual, além de conceitos, são abarcados nomes próprios de pessoas, locais e instituições facilitando o trabalho de pesquisadores.

Não poderíamos deixar de expressar aqui, em nome de toda a equipe do IMB e da LVM, o apoio inestimável que obtivemos ao longo da elaboração da presente edição de inúmeras pessoas, dentre as quais destaco os nomes de Jörg Guido Hülsmann da Université d'Angers e de Llewellyn H. Rockwell Jr., Joseph T. Salerno e Judy Thommesen do Ludwig von Mises Institute.

Alex Catharino
Editor Responsável da LVM

A propriedade privada dos fatores materiais de produção não é uma restrição à liberdade dos outros de escolher aquilo que mais lhes convenha. Bem ao contrário, ela é o meio que garante ao homem comum, em sua condição de comprador, a supremacia em todos os assuntos econômicos. É o principal meio de estimular os indivíduos mais empreendedores de uma nação a esforçarem-se, na medida de suas capacidades, a serviço de todos.

Dr. Ludwig Edler von Mises

autor deste ensaio, Ludwig von Mises (1881-1973), é o maior expoente da Escola Austríaca de Economia, cuja importância das contribuições para a ciência econômica, para nossa infelicidade, é inversamente proporcional ao seu conhecimento nos meios acadêmico, político e midiático brasileiros.

A razão para esse desconhecimento pode ser explicada pelo fato de Mises e os demais pensadores relacionados a essa Escola, invariavelmente, posicionarem-se contra entendimentos consensuais e criticarem de forma acerba o estatismo, sem dúvida alguma a ideologia mais dominante – e perniciosa – dos últimos tempos.

Essa postura de ir contra o consenso e defender a liberdade contra uma cultura de intervencionismo estatal foi herdada por Mises de seus antecessores: Carl Menger (1840-1921), considerado o

Prefácio à Edição Brasileira

André Luiz Santa Cruz Ramos

fundador da Escola Austríaca, e Eugen von Böhm-Bawerk (1851-1914), seu professor na Universidade de Viena.

O primeiro conseguiu desviar-se da equivocada teoria objetiva do valor, abraçada por muitos economistas liberais de sua época e alicerce da concepção marxista de mais-valia, para iniciar todo um trabalho de refutação teórica do socialismo. Menger demonstrou que não se pode considerar o valor como um mero atributo do bem, mas como algo que depende, fundamentalmente, de uma avaliação subjetiva de sua utilidade, não guardando nenhuma relação, pois, com a quantidade de trabalho necessário à sua produção, e sim com a capacidade de o bem satisfazer necessidades pessoais do indivíduo que o valora. Menger também explicou que a utilidade de um determinado bem para um indivíduo – e consequentemente seu valor – decresce à medida que este indivíduo adquire outras unidades desse mesmo bem. Em suma: quanto mais bens de uma mesma espécie um indivíduo possui, menor valor ele atribui a cada um deles. Vale destacar que nem a clássica distinção ricardiana entre valor de uso e valor de troca, também apropriada equivocadamente pelos marxistas, foi suficiente para invalidar as teorias de Menger. Afinal, ninguém valora um bem como uma classe, isto é, ninguém precisa contrapor abstratamente o valor de alimentos e o valor de joias, por exemplo, mas em uma determinada situação específica de tempo e lugar alguém pode se encontrar na posição de escolher entre unidades desses bens, e é precisamente nesse momento que a subjetividade e a utilidade entram em cena para definir os seus valores. Enfim, as contribuições de Menger sobre a "teoria subjetiva do valor" e a "lei da utilidade marginal decrescente" permitiram a ele refutar a teoria marxista do valor-trabalho, muito influente em seu tempo[1].

Böhm-Bawerk, por sua vez, formalizou uma severa crítica a outra doutrina marxista também influente na época: a teoria da exploração. Expandindo a aplicação da teoria subjetiva do valor para escolhas intertemporais, para as quais devemos considerar a inexorável "lei da preferência temporal" – indivíduos querem atingir seus objetivos o quanto antes, portanto dão mais valor a um bem no presente do que a esse mesmo bem no futuro –, Böhm-Bawerk demonstrou que cada pessoa tem uma diferente preferência temporal, em razão dos mais variados fatores e circunstâncias. Isso lhe permitiu explicar e justificar a cobrança de juros e o ganho de lucros – algo até hoje objeto de críticas

---

[1] MENGER, Carl. *Princípios de Economia Política*. Trad. de João Luiz Baraúna. São Paulo: Victor Civita Editor, 1983.

infundadas dos anticapitalistas. Com efeito, o dinheiro que o tomador de um empréstimo adquire hoje é um bem presente, mais valioso, pois, que o dinheiro que o credor receberá de volta daqui a algum tempo, o qual é um bem futuro. Assim, os juros que o tomador do empréstimo paga ao credor são uma justa remuneração pelo fato de este propiciar àquele, *hoje*, a fruição de um bem que ele só teria *amanhã*. E o credor só pôde fazê-lo, provavelmente, porque poupou *ontem* e acumulou capital. Da mesma forma, não fosse o empreendedor capitalista, que antecipa aos seus empregados um determinado valor – o salário –, estes, caso produzissem por conta própria, só receberiam os ganhos pelo seu trabalho muito tempo depois, isto é, quando o bem que produziram fosse finalizado e vendido no mercado. Assim, a remuneração mensal que o empregador dá ao trabalhador *hoje* pela mão de obra exercida – remuneração esta retirada do capital que ele poupou *ontem* para empreender – será recebida apenas *amanhã*, quando da venda do produto ao consumidor. Portanto, como foi o empreendedor quem esperou para receber o produto da venda, assumindo inclusive o risco de não receber nada, caso o produto não fosse vendido, torna-se absolutamente legítimo que aufira um lucro por isso. Assim, a explicação böhm-bawerkiana dos juros e dos lucros também demonstra, de forma simples e clara, a importância do empreendedor, aquele indivíduo que poupa, acumula capital, antecipa recursos a pessoas que deles necessitam – trabalhadores e tomadores de empréstimo, por exemplo – e tenta fornecer a outras pessoas – os consumidores – bens e serviços que elas demandam.

E o empreendedor o faz, sempre, assumindo o risco de não receber nada em troca[2].

Carl Menger e Eugen von Böhm-Bawerk, portanto, demonstraram que a crítica marxista ao liberalismo (ou capitalismo) era infundada. Em contrapartida, coube a Mises, aluno de Böhm-Bawerk e profundo conhecedor da obra de Menger, mostrar que a crítica liberal ao marxismo-socialismo era correta, como a história se encarregou de comprovar.

A primeira grande contribuição teórica de Mises nesse sentido foi a explicação, simples e clara, da impossibilidade do cálculo econômico – estimativa feita pelo empresário para descobrir qual, dentre todos os possíveis, o uso mais eficiente dos meios de produção – no socialismo: ausente a propriedade privada, o planejador central não pode ser guiado pelo sistema de preços e está completamente imune aos mecanismos de lucros e prejuízos, de modo que a alocação dos recursos escassos é feita de forma totalmente arbitrária e irracional. Assim, sem a possibilidade de realizar um cálculo econômico racional, é absolutamente impossível planejar uma economia, ainda que se ignore o problema dos incentivos – afinal, quem garante que todos vão trabalhar felizes aceitando as imposições dos planejadores? – e que se imagine que os burocratas encarregados do planejamento sejam pessoas brilhantes[3].

---

[2] BÖHM-BAWERK, Eugen von. *A Teoria da Exploração do Socialismo Comunismo*. Pref. Hans F. Sennholz; trad. Lya Luft. São Paulo: Instituto Ludwig von Mises Brasil, 2ª ed., 2010.

[3] MISES, Ludwig von. *O Cálculo Econômico em uma Comunidade Socialista*. Apres. Gary North; prefs. Fabio Barbieri & Yuri N. Maltsev; intr. Jacek Kochanowicz; posf. Joseph T. Salerno; trad. Leandro Roque. São Paulo: LVM, 2017.

Mas por que essa explicação sobre os primórdios da Escola Austríaca e sua tradição questionadora é fundamental para entender a importância do ensaio objeto deste prefácio? Simples. Originalmente, este ensaio foi uma palestra ministrada por Mises em 1958, na Princeton University, por ocasião do 9º Encontro da Mont Pelerin Society, uma entidade internacional fundada na década anterior, pelo próprio Mises e outros liberais, com o propósito de promover os valores e os princípios do liberalismo pelo mundo.

Por entender que esses valores e princípios, que ele próprio e seus antecessores acima mencionados – Carl Menger e Eugen von Böhm-Bawerk – tiveram tanto trabalho para defender e difundir, estavam sendo esquecidos, Mises fez um duro e eloquente discurso aos seus pares.

Seguindo a tradição da Escola Austríaca de desafiar consensos e explicar, de forma didática e irrefutável, a superioridade do livre mercado em relação ao intervencionismo político-econômico, Mises demonstrou quão revolucionário foi o surgimento do capitalismo e destacou, por mais que isso possa chocar a opinião pública dominante, como esse sistema foi benéfico não para as elites, mas para as classes sociais mais baixas de outrora, as quais começaram a viver mais, ter mais saúde e alcançar um padrão de vida que nem a nobreza experimentara num passado recente.

Na primeira parte do texto, Mises destacou que as duas noções de liberdade conhecidas até o final do século XVIII eram bastante restritivas e, pois, bem diferentes da noção de liberdade que se tem hoje. Tanto na Idade Antiga quanto na Idade Média, diz ele, a liberdade era "um privilégio garantido a uma minoria", a oligarquia, e "negado à maioria", o povo.

Na segunda parte do texto, Mises mostrou que foi o capitalismo, tão acusado de ser excludente e elitista, quem alterou esse *status quo* mencionado no parágrafo anterior, libertando as massas e permitindo que elas ascendessem social e economicamente. Com efeito, o grande economista austríaco destacou que, mais do que um sistema econômico novo que acarretou uma mudança na forma de produzir bens, o capitalismo representou também um novo e revolucionário sistema político, o qual, por mais incrível que possa parecer aos seus detratores, foi o primeiro em toda a história que estava a serviço das massas, e não das elites oligárquicas.

Foi o novo "princípio mercadológico" instituído pelo capitalismo, explicou Mises, que fez com que a produção em massa passasse a servir às massas, e não a uma minoria de abastados. E é por isso que os benefícios do capitalismo não podem ser reduzidos, complementou Mises, a aspectos relacionados apenas "com a substituição dos métodos utilizados pelos artesãos em suas fábricas, mais primitivos e menos eficientes, pela fábrica mecanizada". É preciso apontar também, e foi isso o que Mises fez com maestria, o caráter democrático do capitalismo, sistema no qual o consumidor "vota" diariamente naqueles que melhor atendem suas demandas. Nas suas palavras: "o processo de mercado é um plebiscito diariamente repetido e exclui, das fileiras dos que lucram, aqueles que não empreguem sua propriedade de acordo com os comandos do povo".

Mises ainda apontou, com muita propriedade, que a democracia econômica do capitalismo é muito mais justa do que a democracia política tal qual a conhecemos: enquanto nesta "sempre prevalece a vontade da maioria e as minorias tem de aceitá-la", naquela "as minorias também tem vez, desde que não sejam diminutas ao ponto de se tornarem insignificantes". De fato, numa eleição política democrática, o cidadão que vê seu candidato perder sabe que, por alguns anos, terá de aceitar o programa de governo do vencedor, por mais que discorde dele, e tem plena consciência das consequências de sua eventual rebeldia. Na eleição diária do capitalismo, entretanto, mesmo aquele consumidor que não se encaixa no perfil majoritário sabe que haverá empresários concorrendo para atender suas demandas. Além disso, ele também sabe que sua preferência, ainda que minoritária, será respeitada.

Na terceira parte do texto, Mises desenvolve uma de suas ideias mais originais: na economia de mercado, soberanos são os consumidores, e não os empresários. É equivocada, segundo ele, a designação de um grande industrial como rei ou imperador: estes mantinham seu poder à força e só o perdiam, consequentemente, para alguém mais forte que usasse de violência; aquele, em contrapartida, "perderia seu 'império' assim que seus clientes decidissem financiar um outro fornecedor". Essa constatação fez Mises destacar, mais uma vez, como o capitalismo é um sistema libertário e emancipatório, ao contrário do socialismo e suas variantes intervencionistas. Afinal, ao estabelecer que a produção deve atender as ordens do ditador ou dos burocratas, e não as preferências dos consumidores, esses regimes político-econômicos retiram não apenas sua soberania econômica, mas também a sua soberania política, porque "a liberdade é indivisível".

Na quarta parte do texto, Mises dedicou-se a demonstrar que "o homem comum é, sem dúvida, o principal beneficiário de todas as descobertas da ciência e da tecnologia", e isso também se deve, segundo ele, "à soberania que o mercado lhe confere no âmbito econômico", a qual "estimula os tecnólogos e empreendedores a converterem para o seu uso todas as descobertas da pesquisa científica". De fato, basta comparar o padrão de vida da maioria da população nos países soviéticos e nos países ocidentais. Não por acaso, eram as pessoas comuns da União Soviética que tentavam desesperadamente fugir dos "paraísos" socialistas onde moravam para os "infernos" capitalistas que com eles faziam fronteiras.

Na quinta parte do texto, Mises trata do Estado e de como ele é "a negação da liberdade", embora seja, para o economista austríaco, "uma instituição necessária" e o único meio "de que dispomos para tornar possível a coexistência humana pacífica". Essas afirmações de Mises, ditas em 1958, incomodam alguns de seus seguidores libertários da linha rothbardiana[4] quando lidas hodiernamente; mas, para a época, significavam a mais radical defesa da liberdade contra o intervencionismo estatal, que já se mostrava excessivo e exponencialmente crescente.

Mises sabia que onde há governo, não há liberdade, e por isso era bastante claro ao afirmar que "ser livre é, sempre,

---

[4] Murray Rothbard (1926-1995) foi um dos mais brilhantes discípulos de Mises e um dos grandes responsáveis pelo "renascimento" da Escola Austríaca após o falecimento do seu maior expoente. Em suas obras, foi além do seu professor e desenvolveu toda uma teoria político-econômica que rejeita o Estado e defende o funcionamento de uma sociedade verdadeiramente livre de qualquer ente político que possua monopólio jurisdicional e se sustente via tributação.

livrar-se do governo; é restringir sua interferência. A liberdade só prevalece nas áreas em que os cidadãos tenham a oportunidade de escolher a maneira como querem proceder". Mas como ele respondeu àqueles que afirmavam não haver liberdade também no capitalismo, por não haver "diferença significativa entre pagar uma taxa ou multa imposta por um juiz e comprar um jornal ou um bilhete de cinema", já que, "em ambos esses casos, o indivíduo é subjugado por um poder que o governa"? De forma simples e didática, como sempre: "a propriedade privada dos fatores materiais de produção não é uma restrição à liberdade dos outros de escolher aquilo que mais lhes convenha. Bem ao contrário, ela é o meio que garante ao homem comum, em sua condição de comprador, a supremacia em todos os assuntos econômicos. É o principal meio de estimular os indivíduos mais empreendedores de uma nação a esforçarem-se, na medida de suas capacidades, a serviço de todos".

Na sexta parte do texto, Mises menciona outra mudança revolucionária que o capitalismo provocou na vida dos homens comuns: a possibilidade de "economizar, acumular capital e investir". E ao destacar a importância desse fato histórico, que começou a fazer desaparecer, "em certa medida, a diferença outrora nítida entre os proprietários dos fatores de produção e os demais indivíduos", Mises aproveitou para fazer uma crítica incisiva ao Estado de bem-estar social e suas políticas intervencionistas de expansão artificial do crédito.

Finalmente, na sétima e última parte do texto, Mises continua a desferir críticas duras ao Estado, que ele chama de "aparato social de coerção e opressão", e defende a filosofia individualista que orienta o capitalismo. Ademais, ele aponta outra vantagem relevante do sistema capitalista – "a incomparável eficiência de seu esforço produtivo" – e refuta os que menosprezam as conquistas materiais dela decorrentes, afirmando, com absoluta razão, que elas não afastam as pessoas da busca por bens e valores mais nobres; ao contrário, foi justamente o capitalismo que universalizou o acesso a esses bens e valores, ainda que isso seja, em última análise, uma escolha pessoal de cada indivíduo.

Enfim, o que o leitor lerá nas páginas seguintes é, sem dúvida alguma, uma verdadeira aula de história econômica, na qual Mises se manteve fiel à tradição da Escola Austríaca de contrariar as opiniões dominantes e conclamou seus colegas liberais a fazerem o mesmo, a fim de que "esse direito de discordar jamais desapareça".

Se essa tradição de ir contra o consenso, como dito no início deste prefácio, fez com que a Escola Austríaca se mantivesse, por um bom tempo, desconhecida de grande parte dos meios acadêmico, político e midiático, parece que a situação tem começado a mudar nos últimos anos: o radicalismo na defesa da liberdade e a consistência dos seus ensinamentos tem permitido que o legado de Mises e dos "austríacos" seja preservado pela geração atual e cada vez mais difundido para as gerações futuras.

Portanto, merecem todos os aplausos a editora LVM e o Instituto Ludwig von Mises Brasil por essa iniciativa de traduzir e publicar textos relevantes desse grande economista e intransigente defensor do liberalismo. Sua erudição e didatismo na exposição de suas ideias – e o texto a seguir é uma peça exemplar dessas qualidades – não apenas educam os leitores, mas também os inspiram a seguir na luta por uma sociedade livre do estatismo, e consequentemente mais justa e próspera.

Ludwig von Mises (1881-1973) se envolveu, em três diferentes momentos da vida, em organizações libertárias: Na década de 1920, foi membro de várias organizações defensoras do livre comércio; em 1938, foi um participante proeminente do colóquio organizado por Walter Lippmann (1889-1974) em Paris; e, depois da Segunda Guerra Mundial, colaborou com a Foundation for Economic Education (FEE) de Leonard Read (1898-1983), com a *Libertarian Press* de Frederick Nymeyer (1897-1981), e se tornou membro fundador da Mont Pelerin Society. Para posicionar sua interação com essas organizações em contexto histórico, começaremos por considerar brevemente como a produção acadêmica libertária era organizada no século XIX. Passaremos, então, à defesa de Ludwig von Mises no século XX, primeiro caracterizando suas contribuições gerais à produção libertária e depois discutindo seu

Apresentação à Edição Brasileira
Ludwig von Mises e as Organizações Libertárias: Lições Estratégicas

Jörg Guido Hülsmann

envolvimento nas organizações mencionadas. Concluiremos destacando a continuidade histórica entre Mises e os defensores do *laissez-faire* no século XIX.

I - Organização da Produção Acadêmica Libertária no Século XIX

A história política da civilização ocidental é, em grande medida, a história da batalha entre os defensores do poder do governo – os intelectuais de corte – e os defensores da liberdade[1]. Para a maior parte

---

[1] ACTON, Lord. *The History of Freedom*. Grand Rapids: Acton Institute, 1993; ROTHBARD, Murray. *An Austrian Perspective on the History of Economic Thought*. Auburn: Ludwig von Mises Institute, 2006. 2v.

da história ocidental, as linhas de frente nesta batalha não têm nenhuma relação com a economia. A defesa da liberdade foi feita em termos da providência divina que ordena a ética e a justiça para o homem. No século XVI, então, a convicção de que havia critérios teológicos inabaláveis para a arbitragem de conflitos políticos desmoronou sob o impacto das insurreições protestantes. Daí em diante, o debate se tornou cada vez mais secularizado e situado em termos da prudência natural.

Um produto intelectual dessa abordagem foi a nova ciência da Economia Política, que surgiu no século XVIII e ofereceu o suporte científico para o liberalismo político.

O liberalismo clássico, no apogeu, caracterizou-se por um grande número de economistas inovadores que continuaram e ampliaram os escritos dos fisiocratas franceses, de Adam Smith (1723-1790) e de David Ricardo (1772-1823). Os escritos inspiraram um movimento internacional liberal clássico liderado por homens como Richard Cobden (1804-1865) e John Bright (1811-1889) na Inglaterra, Frédéric Bastiat (1801-1850) na França e John Prince-Smith (1809-1874) na Alemanha. Por volta da década de 1860, esse movimento varreu os Estados Unidos e todos os países da Europa Ocidental, incluindo a Alemanha. O ponto central de suas percepções era que as condições materiais da humanidade somente poderiam ser melhoradas pela produção e pela da troca, e qualquer coisa que estivesse no caminho da produção e do intercâmbio era suscetível de ser abolida sem prejuízo para a sociedade. Assim, o governo só era justificável à medida que prestasse os serviços que as associações livres de particulares não podiam prestar. De acordo com Adam Smith e muitos outros, ele precisava proporcionar serviços policiais e militares, estradas, pontes e vias marítimas, bem como todo um pacote do que mais tarde seria chamado de bens públicos. De acordo com a escola francesa dos industrialistas no início do século XIX – Charles Comte (1782-1837), Charles Dunoyer (1786-1862) e outros –, o único papel do governo seria fornecer serviços de segurança. Esperavam que esse papel diminuísse constantemente como consequência do aumento da cultura humana; o futuro utópico da civilização ocidental seria uma sociedade sem governo. Os pensadores mais radicais dentre os liberais clássicos não viam razão alguma para justificar a existência do governo. A seus olhos, a produção de segurança poderia ser confiada a empresas privadas, assim como todos os demais ramos da produção. Nas famosas palavras de Gustave de Molinari (1819-1912): *"Ou isso é lógico e verdadeiro, ou os princípios sobre os quais a ciência econômica está baseada são inválidos"*[2].

Em suma, a agenda liberal clássica visava a uma redução mais ou menos dramática do papel do governo e, por volta da na década de 1850, essa agenda se tornou explícita. Os pensadores mais corajosos – homens como Gustave de Molinari, Herbert Spencer (1820-1903), Max Stirner (1806-1856) e Paul Émile de Puydt (1810-1891) – chegaram a conquistar o

---

[2] MOLINARI, Gustave de. *The Production of Secutiry*. Trad. J. McCulloch. New York: Centre for Libertarian Studies, 1977. p. 3. [Em língua portuguesa a obra está disponível na seguinte edição: MOLINARI, Gustave de. *Da Produção de Segurança*. Pref. Murray N. Rothbard; Trad. Erick Vasconcelos. São Paulo: Instituto Ludwig von Mises Brasil, 2014. p. 21. (N. E.)]

respeito pelo empreendimento intelectual de pensar a respeito de uma sociedade sem Estado[3].

Os economistas do liberalismo clássico foram, em grande parte, impedidos de entrar nas instituições públicas tradicionais de ensino superior, que cultivavam o raciocínio nos moldes antigos a respeito das questões políticas sob o controle do governo. Isso não era uma grande desvantagem naqueles dias, porque, de qualquer maneira, havia poucos economistas empregados publicamente. A competição das teorias econômicas e das propostas de políticas ocorreu em um mercado verdadeiramente livre para ideias. Seus protagonistas eram homens ricos independentes; não tinham de se curvar diante dos poderes existentes. Para difundir sua nova ciência, construíram uma série de instituições de pequena escala que variava desde redes soltas de contatos literários e pessoais, passando por periódicos e revistas acadêmicas até campanhas políticas mais ou menos organizadas e associações de livre comércio[4].

---

[3] Ver: MOLINARI, Gustave de. "De la production dela sécurité". *Journal des Économistes*, Volume XXV, (Février 1849): 277-90; DE PUYDT, Paul Émile. "Panarchic". *Revue Trimestrielle* (Juliette 1860): 222-45; SPENCER, Herbert. *Social Statics*. New York: Schalkenbach Foundation, 1995 [1850]; STIRNER, Max. *Der Einzige un sein Eigentum*. Stuttgart: Reclam, 1991 [1844].

[4] Por exemplo, o jornal *Censeur Européen*, dos anos 1820 e 1830, gerenciado por Charles Dunoyer, Charles Comte e Augustin Thierry (1795-1856); a Anti-Corn Law League [Liga Contra as Leis de Cereais], fundada em 1838 por Richard Cobden e John Bright; o jornal *Libre Échange*, fundado por Frédéric Bastiat, em 1844; e o Kongress Deutscher Volkswirte [Congresso dos Economistas Alemães] fundado em 1863, do qual dentre os membros se destacam os nomes de John Prince-Smith, Wilhelm Adolf Lette (1799-1868), Franz Hermann Schulze-Delitzsch (1808-1883), Heinrich Bernhard Oppenheim (1819-1880), Julius Faucher (1820-1878),

O livre mercado de ideias foi decisivo para a vitória arrebatadora que os liberais clássicos alcançaram em meados do século XIX. Por volta dos anos 1860, o *establishment* político e intelectual de todos os países ocidentais percebeu o avanço liberal como uma ameaça mortal à sua posição, e com razão. Os governos do *Ancien Régime* [Antigo Regime] haviam estabelecido uma resposta estratégica baseada em dois pilares: por um lado, surgiu uma coalizão antiliberal entre o *establishment* conservador e o nascente movimento socialista[5]; por outro lado, a criação de um mercado para economistas profissionais com o objetivo de controlar o mercado de ideias. Os governos começaram a criar um grande número de cátedras de Economia Política em suas universidades e a preencher a maioria desses novos cargos com estadistas convincentes. Especularam que a autoridade venerável das universidades superaria a autoridade dos pioneiros da nova ciência. Isto se mostrou correto. O próprio significado da ciência econômica – sua natureza e importância, bem como suas implicações políticas – vieram a ser redefinidos sob o impacto de um processo de contratação estabelecido pelo governo em grande escala.

Começaram a surgir escolas inteiras de Economia, cujo caráter "nacional" foi determinado pelos que controlavam as nomeações. A estratégia foi aplicada primeiramente na

---

Karl Braun (1822-1893), Max Wirth (1822-1900), Viktor Böhmert (1829-1918) e Theodor Barth (1849-1909).

[5] A respeito do importante caso alemão, que forneceu o modelo para estratégias semelhantes em outros países, ver: RAICO, Ralph. *Die Partei der Freiheit*. Stuttgart: Lucius & Lucius, 1999.

Alemanha, onde as autoridades aplicaram a Escola Historicista Alemã de Economia, sob o rígido controle de Gustav Schmoller (1838-1917); no lugar da ciência econômica em praticamente todas as universidades do Reich[6]. E de lá se difundiu para outros países. Na França, as autoridades da Terceira República "instalaram uma escola rival em cadeiras universitárias recém-criadas e altamente prestigiadas por toda a França, profissionalizando os economistas franceses e despojando a Escola Liberal, principalmente não-acadêmica, de sua autoridade intelectual sem paralelos"[7]. Nos Estados Unidos, a American Economic Association (AEA) [Associação Econômica Americana], fundada em 1885 por economistas treinados na Alemanha, também seguiu o caminho do schmollerismo[8]. Na Rússia, as autoridades aparentemente sentiam que o schmollerismo era muito brando e começaram a

---

[6] Idem. *Ibidem*.

[7] Ver: SALERNO, Joseph. "The Neglect of Bastiat's School By English-Speaking Economists: The Puzzle Resolved". *Journal des Économistes et des Études Humaines*, Volume 11, Numbers. 2 & 3 (June / September 2011): 451-95.

[8] Sobre o caso dos Estados Unidos, ver SALERNO. "The Neglect of Bastiat's School By English-Speaking Economists". *Op. cit*. Entre os economistas norte-americanos mais proeminentes que receberam sua educação de pós-graduação na Alemanha, figuram William Graham Sumner (1840-1910), Frank William Taussig (1859-1940), Frank A. Fetter (1863-1949), Richard Theodore Ely (1854-1943), Edwin Robert Anderson Seligman (1861-1939) e John Bates Clark (1847-1938). A respeito do papel da American Economic Association (AEA), que foi estabelecida em 1885 segundo o modelo da *Verein für Socialpolitik* de Schmoller, ver os comentários em: HOFSTADTER, Richard. *Social Darwinism in American Thought: 1860-1915*. Philadelphia: University of Pennsylvania Press, 1944. Esp. p. 147; REZNECK, Samuel. "An American Depression, 1882-1886". *American Historical Review* (January 1956), p. 294.

contratar professores marxistas para suas cadeiras de Economia Política, cavando assim o túmulo do regime czarista⁹.

Alguns anos antes, um ataque mais sutil, porém igualmente terrível contra o liberalismo clássico foi lançado na Grã-Bretanha. O ímpeto inicial veio de John Stuart Mill (1806-1873), que, sob a influência de Harriet Taylor (1807-1858), sua esposa socialista, começou a praticar a arte mortífera do comprometimento intelectual¹⁰. Tornou intelectualmente palatável usar a palavra "liberalismo" para designar programas políticos do mais puro tipo social-

---

⁹ Ludwig von Mises observou: *"Com seu ódio ao liberalismo e à democracia, o próprio czarismo, através da promoção do marxismo, preparou o caminho para a ideologia bolchevista"*. MISES, Ludwig von. "Anti-Marxism". *A Critique of Interventionism*. New York: Arlington House 1977. p. 120. [O trecho citado foi substituído pelo equivalente na seguinte edição: MISES, Ludwig von. *Crítica ao Intervencionismo: Estudo sobre a Política Econômica e a Ideologia Atuais*. Apres. Richard M. Ebeling; pref. Adolfo Sachsida; intr. Hans F. Sennholz; Posfs. Don Lavoie & Murray N. Rothbard; trad. Arlette Franco. São Paulo: LVM, 2017. (N. E.)].

¹⁰ Esta redefinição ficou praticamente ignorada até que Ludwig von Mises retomou o argumento liberal clássico no final da década de 1920. Mises chamou Mill de *"o grande defensor do socialismo. Todos os argumentos que podem ser colocados em favor do socialismo foram por ele elaborados com afetuosa atenção. Em comparação a Mill, todos os outros autores socialistas, mesmo Karl Marx (1818-1883), Friedrich Engels (1820-1895) e Ferdinand Lassalle (1825-1864), muito dificilmente mostram alguma importância"*. (MISES, Ludwig von. *Liberalism: In the Classical Tradition*. Trad. Ralph Raico. Irvington-on-Hudson: Foundation for Economic Education, 1985. p. 195). [Utilizamos a passagem em português da seguinte edição brasileira: MISES, Ludwig von. *Liberalismo: Segundo a Tradição Clássica*. Preâmbulo de Louis M. Spadaro; Prefs. Thomas Woods & Bettina Bien Greaves; trad. Haydn Coutinho Pimenta. São Paulo: Instituto Ludwig von Mises Brasil, 2ª Ed., 2010. p. 204. (N. E.)]. John Maynard Keynes (1883-1946) concorda com essa ideia ao afirmar que: *"Desde a época de John Stuart Mill os economistas de autoridade têm estado em forte posição de reação contra todas essas ideias [individualismo e laissez faire]"*. KEYNES, J. M. *The End of Laissez Faire*. London: Hogarth Press, 1926. p. 25ss.

democrata. O ápice do absurdo dessa onda dos millianos foi alcançado em 1934, quando o economista da University of Chicago, Henry Calvert Simons (1899-1946), fez circular um manuscrito com o título promissor de *A Positive Program for Laissez-Faire* [*Um Programa Positivo para o Laissez-Faire*], no qual pediu a nacionalização de empresas que não poderiam suportar a concorrência do mercado.

A redefinição da Economia Política pelo poder dos números absolutos e da tributação, juntamente com a redefinição autoritária de Mill do liberalismo clássico, combinaram-se em um poderoso golpe que inverteu completamente os ideais e a agenda política. Enquanto na era do liberalismo clássico o objetivo tácito da reforma política fora a redução do poder do governo, agora era o oposto. O novo ideal não era mais uma sociedade que se emanciparia da intervenção governamental, mas um governo abrangente que governaria uma sociedade socialista projetada por ele mesmo. Sobraram alguns liberais clássicos, homens como Gustave de Molinari, Vilfredo Pareto (1848-1923), Julius Wolf (1862-1937), Ludwig Pohle (1869-1926) e Edwin Cannan (1861-1935). No entanto, lutaram de maneira reativa contra uma multidão esmagadora de intelectuais contratados pelo governo e que adoravam o empregador. O novo ideal socialista-estatista varreu as mentes e monopolizou a imaginação da nova geração emergente. Ao final da Primeira Guerra Mundial, o movimento do liberalismo clássico estava quase morto.

II - O Significado Intelectual do Libertarianismo Misesiano

Nessa altura, surgiu Ludwig von Mises e, dentro de três anos gloriosos, criou uma reação monumental contra a estatolatria. Entrou em cena com o artigo *Die Wirtschaftsrechnung im sozialistischen Gemeinwesen*[11] [*O Cálculo Econômico em uma Comunidade Socialista*], de 1920. A argumentação simples e elegante foi devastadora. Afinal, o argumento em prol do socialismo tinha por base uma suposta produtividade maior. Mas como poderia ser mais produtivo do que o capitalismo se o conselho de planejamento socialista não disporia dos próprios termos com os quais poderia indicar as alternativas de investimento? Dois anos mais tarde, em 1922, Mises publicou *Die Gemeinwirtschaft: Untersuchungen über den Sozialismus*[12] [*A Economia Coletiva: Estudos sobre o Socialismo*], um verdadeiro tratado sobre todos os aspectos relevantes do socialismo. Trabalhou na tese da impossibilidade do cálculo socialista, demoliu a ideia de que havia algo tal como uma tendência inelutável para o socialismo, criticou a defesa moral do socialismo e, em seguida, elucidou muito bem que verdadeira natureza do socialismo era a destruição de vidas

---

[11] Em língua portuguesa o texto está disponível na seguinte edição: MISES, Ludwig von. *O Cálculo Econômico em uma Comunidade Socialista*. Apres. Gary North; prefs. Fabio Barbieri & Yuri N. Maltsev; intr. Jacek Kochanowicz; posf. Joseph T. Salerno; trad. Leandro Roque. São Paulo: LVM, 2017. (N. E.)

[12] Traduzido para o inglês em 1936, o livro se encontra disponível atualmente nesse idioma na seguinte edição: MISES, Ludwig von. *Socialism: An Economic and Sociological Analysis*. Pref. F. A. Hayek; trad. J. Kahane. Indianapolis: Liberty Fund, 1992. (N. E.)

individuais e de instituições sociais. No final do livro, nada restou do ideal formidável do Estado socialista. Conforme afirmou, posteriormente, o historiador e jornalista William Henry Chamberlin (1897-1969), um admirador do economista austríaco, Mises provou ser uma versão moderna de São Jorge, brandindo sua lança contra um dragão aparentemente invencível[13]. Em 1922, o monstro estava morto; o ideal inquestionável da comunidade socialista tinha sido demolido para sempre.

Entretanto, Ludwig von Mises fez mais do que isso. Cinco anos depois, no livro *Liberalismus* [*Liberalismo*] de 1927, defendeu uma versão radicalizada do liberalismo clássico, que sob sua pena fez ressuscitar como uma fênix a partir das cinzas. Dois anos mais tarde, em 1929, Mises fechou seu sistema de análise social, na já citada obra *Kritik des Interventionismus: Untersuchungen zur Wirtschaftspolitik und Wirtschaftsideologie der Gegenwart* [*Crítica ao Intervencionismo: Estudo sobre a Política Econômica e a Ideologia Atuais*], ao lidar com os argumentos em prol da "terceira via" – cujas variantes atormentam a civilização ocidental até os dias atuais, mais recentemente sob a forma do blairismo. Nesses trabalhos, Mises não somente defendeu descaradamente os princípios centrais da Escola de Manchester, que até então tinham caído em descrédito geral,

---

[13] Carta de William Henry Chamberlain para Mrs. Chamberlin, datada de 5-6 de julho de 1949. *William Henry Chamberlain Papers*. Providence College, Providence, Rhode Island. Citado por: NASH, George H. *The Conservative Intellectual Movement in America*. New York: Basic Books, 1976. Nash cita Chamberlin como tendo dito que Mises era *"um verdadeiro São Jorge combatendo o dragão do coletivismo"* (p. 13).

mas até os superou. Mostrou que qualquer sistema de terceira via seria inerentemente instável porque não poderia resolver os problemas que pretendia resolver e, assim, motivaria intervenção governamental cada vez maior, até que o sistema intervencionista se transformaria em socialismo absoluto. Mas o socialismo não era viável. Restava apenas um item significativo no cardápio político: 100% de capitalismo. Repetidas vezes, Mises insistiu que não havia escolha envolvida nesse assunto. Era ridículo especular sobre alguma política particular de terceira via que se encaixasse nas sensibilidades de uma determinada sociedade. A sociedade era viável apenas à medida que os direitos de propriedade privada fossem respeitados, e pronto.

III - O Envolvimento de Mises nos Movimentos Europeus em Prol do Livre Comércio

Durante a década de 1920 e início dos anos 1930, Mises foi o representante da Câmara de Comércio Austríaca nas reuniões internacionais e, em particular, nas convenções da International Chamber of Commerce (ICC) [Câmara de Comércio Internacional]. Esta experiência provou ser satisfatória e o pôs em contato com uma rede de estrangeiros com interesses semelhantes. Finalmente, consentiu em uma participação de curta duração em certas organizações europeias dedicadas à promoção do livre comércio.

Ficara muito relutante em se envolver em qualquer campanha política organizada. Em uma carta de novembro de 1924, recusou um cargo executivo honorário em uma associação austríaca de livre comércio, afirmando que, por questão de princípio, não queria aderir a qualquer organização política ou político-econômica[14]. Esta atitude mudou no transcurso de 1925, quando assistiu e desfrutou do seu primeiro congresso da ICC, em Bruxelas, como representante oficial austríaco. No outono do mesmo ano, participou de uma conferência da International Free Trade Organisation [Organização Internacional de Livre Comércio] em Viena e, novamente, aproveitou os discursos ali proferidos[15]. Devido a essas experiências positivas, por fim, acabou por se envolver mais formalmente com outros europeus partidários do livre comércio.

Naqueles dias, o Atlântico era ainda um obstáculo grande demais para uma cooperação mais estreita entre europeus e norte-americanos. Entretanto, não era o único obstáculo. Mises e vários de seus correspondentes sentiram certa hipocrisia por parte de determinados participantes norte-americanos das reuniões do ICC e de outras instituições. Antes de partir para o seu primeiro congresso da ICC em junho de 1925, na cidade de Bruxelas, na Bélgica, Mises compartilhou essas apreensões

---

[14] *"Aus Grundsatz gehöre ich keiner politischen oder wirtschaftspolitischen Organisation an"*. Carta de Mises para Freihan-delsbund gegen Teuerung und Wirtschaftszwang", datada de 11 de novembro de 1924. *Mises Archive* (Moscou, Rússia), 80:60.

[15] *"Vor einigen Wochen hatten wir in eine von der internationalen Freihandelsorganisation unter dem Namen, 'Mitteleuropäische Wirtschaftstagung' einberufene Konferenz, an der erfreulicherweise mehrere Engländer (z.B. F. W. Hirst, Wedgewood Benn u.a.) teilgenommen haben. Die reden, die auf dieser Tagung gehalten wurden, waren außerordentlich gut [...]"*. Carta de Mises para Lionel Robbins, datada de 9 de outubro de 1925. *Mises Archive*, 83:61.

com Eric Voegelin (1901-1985), que residia nos Estados Unidos como bolsista da Rockefeller Foundation. Mises escreveu que esperava encontrar muitos homens do exterior, mas não sabia "que tipo" de norte-americanos que encontraria[16]. O tempo confirmaria tal julgamento e não o dissiparia. Em 1927, depois de participar da Conferência Econômica Mundial da Liga das Nações em Genebra, na Suíça, no mês de maio, e da reunião do ICC em Estocolmo, na Suécia, em julho, escreveu a seu amigo Fritz George Steiner em Paris:

> Desta vez, o congresso não foi tão interessante como o de Bruxelas. As conversações transcorreram visivelmente sob a fadiga e a exaustão que permaneceram após a Conferência Econômica Mundial. Os norte-americanos perderam muito do entusiasmo pelo livre comércio europeu dado que temiam que o movimento de livre comércio pudesse se espalhar para os Estados Unidos[17].

---

[16] *"Ich reise nächste Woche nach Brüssel, wo ich beim Handelskammerkongreß mit sehr vielen Amerikanern - ich weiß allerdings nicht welcher Sorte – zusammentreffen werde [...]"*. Carta de Mises para Eric Voegelin, datada de 12 de junho de 1925. *Mises Archive*, 79:11.

[17] *"Der Kongreß was diesmal nicht so interessant wie der in Brüssel. Die Verhandlungen standen sichtlich unter dem Eindruck der Ermüdung und Abspannung, die die Weltwirtschaftskonferenz hinterlassen hat. Die Amerikaner haben viel von ihrem Elan für europäischen Freihandel eingebüßt, seit sie fürchten, daß die Freihandelsbewegung auch nach den Vereinigten Staaten übergreifen könnte"*. Carta de Mises para Fritz G. Steiner, datada de 11 de julho de 1927. *Mises Archive*, 62:30. Fritz Georg Steiner foi o autor das obras *Die Entwicklung des Mobilbankwesens in Oesterreich* (Viena: Konegen, 1913), *Die Banken und der Wiederaufbau der Volkswirtschaft* (Vienna: Manz, 1920) e *Geldmarkt und Wirtschaftskrise* (Vienna: Manz, 1925). Durante a Se-

Steiner não ficou surpreso, respondendo que também poderia relatar inúmeras anedotas sobre o tema *"os norte-americanos em casa e no exterior"* ou *"recomendando água e bebendo vinho"*[18].

No entanto, Mises envolveu-se mais formalmente com as organizações de livre comércio. Em maio de 1927, ingressou na comissão de imprensa da Europäische Wirtschafts-Union (EWU) [União Econômica Europeia], de Christian Günther (1886-1966), com sede em Haia, na Holanda[19]. Günther liderou o comitê holandês de uma organização europeia de livre comércio chamada Europäischer Zoll-Verein (EZV) [Associação Alfandegaria Europeia]. Durante os próximos dois anos, outros comitês nacionais seriam criados e, por volta de 1929, o EZV contava com muitos políticos e acadêmicos proeminentes entre seus membros, tais como Aristide Briand (1862-1932), Paul Mantoux (1877-1956), Gustav Stresemann (1878-1929), Franz Oppenheimer (1864-1943) e Norman Angell (1872-1967). Dado o forte envolvimento de alguns desses homens na política partidária, não era de surpreender que o EZV tenha se orientado para objetivos bastante moderados, tais como a harmonização das tarifas dentro da Europa. No início de 1928, no entanto, essa ineficácia mal era visível. As-

---

gunda Guerra Mundial, mudou-se para Nova York e ficou em contato com Mises até o início da década de 1960.

[18] *"Über das Thema 'Die Amerikaner bei sich und im Ausland' oder 'Wasser predigen und Wein trinken' wüßte ich Bände zu erzählen"*. Carta de Steiner para Mises, datada de 18 de julho de 1927. *Mises Archive*, 62:19.

[19] Carta de Mises para Europäische Wirtschafts-Union, datada de 19 de maio de 1927. *Mises Archive*, 86:3.

sim, quando o Comitê Internacional do EZV pediu a Mises para que se juntasse às fileiras e também para a criação de um comitê austríaco, ele aceitou. Não levou muito mais do que um ano para que ficasse completamente desencantado com a decisão. As pessoas do EZV queriam que Mises fosse o presidente do comitê austríaco, mas ele propôs outro homem para o cargo, alguém que conhecia tanto por negócios na Câmara quanto de modo particular, por muitos anos. O dr. Ernst Geiringer (1892-1978) era um executivo da Oelindustrie-Gesellschaft em Viena e casado com Trude Geiringer (1890-1981), que Mises conhecera na Primeira Guerra Mundial[20]. Por volta de 1928, os dois homens encontraram um secretário adequado, dr. Robert Breza, também da Câmara. Voltaram-se, então, para a arrecadação de fundos e, por fim, ganharam o apoio de influentes empresários da Alemanha e da Áustria em setembro daquele ano[21].

Nesse ponto, Ludwig von Mises deve ter tido uma imagem um pouco mais clara da mentalidade dos novos

---

[20] Sobre a afiliação de Geiringer à Oelindustrie, ver: *Mises Archive*, 89:12. Trude Geiringer escreveu posteriormente que mesmo que tivesse conhecido Mises primeiro, teria sentido como se tivesse "tirado proveito da guerra", dado que a amizade começou na Primeira Guerra Mundial. O marido também nutria grande respeito por Ludwig von Mises e gostava de chamá-lo de sábio. Posteriormente, os Geiringer foram para New Rochelle, no estado de Nova York, e frequentemente se encontravam com Mises e com os Schüller. Ver a correspondência em: Grove City Archive, Geiringer File. Será que Hilda von Mises (1893-1973), a esposa de Richard von Mises (1883-1953), irmão de Ludwig, que era uma Geiringer tinha relações com esta família?

[21] Ver as cartas de Mises para Ernö Bleier, datadas de 10 de setembro de 1928 e 22 de setembro de 1928. *Mises Archive*, 87:15, 23.

associados internacionais. Vira o nepotismo e a dedicação a outras metas puramente pessoais se desenvolverem à custa da causa da liberdade. Em julho, retirou-se do comitê de imprensa do EWU quando Christian Günther se desassociou do EZV. Mises explicou sua decisão afirmando que temia a proliferação de organizações de livre comércio[22]. Na verdade, em um congresso europeu sobre livre comércio realizado em Praga no início de outubro de 1928, havia menos de dezessete associações presentes[23]. É possível que, nesse momento, Mises já não tivesse mais vontade de investir seu tempo desfilando em um circo de egomaníacos e apenas esperou por uma oportunidade conveniente para se despedir.

A oportunidade surgiu depois de alguns meses, quando membros do Comitê Internacional e membros da comissão francesa fizeram campanha contra a adesão da Áustria ao *Reich* alemão (a questão *Anschluß*). Em carta para Ernö Bleier (1897-1969), Mises exortou o Comitê Internacional a recuar publicamente dessa posição, a menos que a EZV não pudesse encontrar apoio na Áustria[24]. O que isso significava, em particular, que nem ele, nem seus associados austríacos, podiam se dar ao luxo de se associarem a qualquer um dos lados dessa disputa altamente partidária – eles eram, afinal, executi-

---

[22] Também sugeriu que seu nome fora inaceitavelmente associado, via EWU, a certas organizaões e pessoas, tais como o parlamentar austríaco social-democrata Emmy Freundlich (1878-1948). Ver: Carta de Mises a Günther, datada de 7 de julho de 1928. *Mises Archive*, 87:18.

[23] Ver a lista em: *Mises Archive*, 87:18.

[24] Ver a carta de Mises para Ernö Bleier, datada de 14 de dezembro de 1928. *Mises Archive*, 87:57.

vos de organizações semigovernamentais[25]. Quando a EUV não se retirou da campanha, Mises e Geiringer deixaram a organização em fevereiro de 1929. Esse foi o fim do interlúdio de Mises com o movimento organizado de livre comércio. Daí, passou a se concentrar mais na batalha das ideias.

IV - MISES E OS NEOLIBERAIS

O desacordo a respeito da questão do cálculo socialista era apenas sintoma de uma dissidência maior entre Ludwig von Mises e os antigos companheiros de armas.

Não somente Mises defendia descaradamente os princípios centrais da Escola de Manchester, que até então caíra em descrédito geral, mas foi além. Mostrou que qualquer sistema de terceira via seria inerentemente instável porque não poderia resolver os problemas que pretendia resolver e, assim, motivaria intervenção governamental cada vez maior até que o sistema intervencionista se transformasse em socialismo absoluto. No entanto, o socialismo não era viável. Restava apenas uma opção significativa: 100% de capitalismo. Novamente, Mises insistiu que não havia escolha nessa questão. Era ridículo especular sobre alguma política particular

---

[25] Geiringer escreveu que, para ele, seria impossível conciliar qualquer forma de oposição contra um possível *Anschluß* (*"mit meinen Stellungen in den verschiedenen hiesigen Organisationen und Verbänden"*). Carta de Geiringer para Bleier, datada de 22 de fevereiro de 1929. *Mises Archive*, 89:7. Mises fez uma declaração similar. Ver: *Mises Archive*, 89:4.

de terceira via que se encaixaria nas sensibilidades de um determinado grupo. A sociedade só era viável uma vez que os direitos de propriedade privada fossem respeitados e pronto. Essa mensagem ecoou bem nos antigos liberais, que ficaram maravilhados com essa esplêndida reformulação dos ideais de juventude. Os pontos de vista de Mises, todavia, foram recebidos com menos entusiasmo pela geração emergente, que havia sido criada em um ambiente intelectual embebido pelo estatismo. Os professores nas escolas e faculdades chegaram a endossar todas as ideias principais subjacentes ao argumento em favor do socialismo: a doutrina do conflito e da luta de classes, a noção do empobrecimento das classes trabalhadoras sob o capitalismo e a crença de que um sistema capitalista descontrolado tendia para o monopólio.

No lado positivo, Mises definitivamente destronou o socialismo como ideal da política. As energias de F. A. Hayek (1899-1992), Fritz Machlup (1902-1983), Gottfried Haberler (1900-1995), Lionel Robbins (1898-1984), François Perroux (1903-1987) e Wilhelm Röpke (1899-1966) – homens que desempenhariam um papel significativo na formulação das políticas após a Segunda Guerra Mundial no mundo ocidental – não serviam mais ao ídolo do governo onipotente. Isso se mostrou de importância decisiva para o curso da história. Entretanto, a influência de Mises se mostrou demasiado fraca para inspirar neles a coragem necessária para um retorno sincero ao tipo de liberalismo vibrante que caracterizou a Escola de Manchester e o movimento mundial de *laissez-faire* do século XIX.

Mises ainda não havia publicado o tratado sistemático sobre Ciência Econômica que teria esclarecido o argumento científico para um capitalismo sem restrições. Apresentara alguns elementos importantes de sua teoria econômica geral dos sistemas sociais, mas antes de 1940 ainda não estava claro como esses elementos se interrelacionavam e sobre qual estrutura analítica geral se baseavam. Em 1940, Mises finalmente publicou um tratado geral sob o título de *Nationalökonomie: Theorie des Handelns und Wirtschaftens* [*Economia: Teoria da Ação e da Atividade Econômica*]. Nessa época, Hayek tinha quarenta e um anos de idade e era um acadêmico bem estabelecido; para ele e para o restante de sua geração, o livro chegou tarde demais – para Röpke, Machlup, Robbins e todos os outros, Mises os afastara do socialismo nos anos 1920. Na mente desses homens, os primeiros trabalhos de Mises sobre a impossibilidade do socialismo e a ineficácia do intervencionismo criaram um paradoxo. Mises os convencera de que o socialismo pleno não era viável nem desejável; também foram persuadidos de que os sistemas da terceira via tinham sido superestimados. Muitos deles, no entanto, ainda não questionavam a afirmação de que o liberalismo do século XIX falhara porque seu programa econômico, o capitalismo de *laissez-faire*, não proporcionara os bens. Acreditavam ser uma simples questão factual o livre mercado tender ao monopólio e que as classes trabalhadoras do século XIX haviam vivido na miséria por causa do capitalismo *laissez-faire*[26].

Para esses homens, a teoria refutara a viabilidade do socialismo, e a história provara os defeitos do capitalismo. O que

---

[26] Uma revisão do desempenho histórico do capitalismo do século XIX posto em série após a Segunda Guerra Mundial. O débil início se encontra em: HAYEK, F. A. (Ed.). *Capitalism and the Historians*. Chicago: University of Chicago Press, 1954.

era necessário era uma terceira via - uma terceira via que poderia, de alguma forma, contornar a demonstração de Mises de que o intervencionismo era necessariamente contraproducente. A solução que surgiu na década de 1930 teve por base uma construção intelectual que dividiu a economia social em dois elementos: 1) um marco institucional; e 2) os processos que se desenvolveram dentro desse arcabouço, principalmente os processos de precificação. Segundo esse novo credo, o governo não deveria se intrometer nos processos, mas sim estabelecer e manter a estrutura institucional. Tal conjunto de suposições é característico do que veio a se chamar neoliberalismo. Encontramos uma expressão clara da cosmovisão neoliberal em um artigo que F. A. Hayek escreveu em 1935. Comentando a teoria do intervencionismo de Mises, Hayek observa que não decorre do argumento misesiano que *"a única forma de capitalismo que pode ser racionalmente defendida é a do laissez-faire pleno no sentido antigo"*. Prosseguiu:

> O reconhecimento do princípio da propriedade privada não significa necessariamente que a delimitação particular dos conteúdos desse direito, tal como determinado pelas leis existentes, seja a mais apropriada. A questão de saber qual é o arcabouço permanente mais apropriado para assegurar o funcionamento mais suave e eficiente da concorrência é da maior importância e devemos admitir que foi tristemente negligenciada pelos economistas[27].

---

[27] HAYEK, F. A. "The Nature and History of the Problem". In: HAYEK, F. A. *Individualism and Economic Order*. Chicago: University of Chicago Press, 1948. p. 135.

As raízes da ideologia neoliberal remontam pelo menos as décadas de 1880 e 1890, quando economistas alemães da Escola Historicista Alemã de Economia e seus discípulos norte-americanos se convenceram de que a concentração industrial tem efeitos nocivos e exigiram moderação via intervenção governamental. Uma das consequências visíveis dessa mentalidade foi a Lei Sherman, que até hoje substitui o poder dos consumidores pelo dos burocratas. Na Alemanha, a filosofia da terceira via tornou-se penetrante na *Sozialpolitik* instigada sob o Kaiser Wilhelm II (1859-1941). A França seguiu, invocando a necessidade de uma terceira solução, como fizeram os Estados Unidos sob o *New Deal*.

Ainda assim, as primeiras declarações programáticas do neoliberalismo foram publicadas apenas na década de 1930 – novamente, sem surpresa, na Alemanha e nos Estados Unidos. A declaração mais influente veio de um economista de Chicago, o supracitado Henry Calvert Simons, que, em 1934, distribuiu o já mencionado documento de trabalho com o título "The Nature and History of the Problem" [Um Programa Positivo para o *Laissez-Faire*] – em que a palavra "positivo" indicou que esse programa justificava uma ampla intervenção governamental, ao passo que o *laissez-faire* clássico era um programa "negativo", visto que não proporcionava tal justificação. Simons apelou ao governo para regular a moeda e os bancos, impedir a formação de monopólios e proporcionar uma renda mínima para os desamparados – uma verdadeira saída do liberalismo *laissez-faire*[28].

---

[28] SIMONS, Henry Calvert. *A Positive Program for Laissez-Faire: Some Proposals for a Liberal Economic Policy*. Chicago: University of Chicago Press, 1934. (Public Policy Pamphlet, No. 15).

Essas ideias expressavam perfeitamente os sentimentos de uma geração de economistas que haviam sido criados em um ambiente intelectual completamente estatista, mas que ainda conheciam os ensinamentos dos liberais clássicos. F. A. Hayek, Wilhelm Röpke, Fritz Machlup, Milton Friedman (1912-2006), Michael Polanyi (1891-1976), Walter Eucken (1891-1950) e muitos outros receberam formação universitária e os impulsos intelectuais decisivos durante os anos 1920 e início dos anos 1930. Durante a década de 1930, começaram a ocupar posições mais altas e, após a guerra, assumiram a liderança intelectual da direita[29]. Seu neoliberalismo animava o trabalho das instituições do pós-guerra que conteriam a maré do estatismo crescente, em particular a Mont Pelerin Society e o Institute of Economic Affairs (IEA) em Londres. Nos anos mais recentes, a agenda neoliberal é levada adiante por uma nova onda de instituições educacionais, como o Institute for Humane Studies (IHS), o Cato Institute e a Atlas Economic Research Foundation. Esses indivíduos e instituições moldaram as políticas neoliberais no mundo ocidental desde o final da Segunda Guerra Mundial.

V- O Colóquio Walter Lippmann

Sete semanas depois do casamento, Ludwig von Mises participou de um encontro histórico dos paladinos do "velho"

---

[29] Alguns dentre eles, notavelmente Hayek, mais tarde se voltaram para um posicionamento de mais *laissez-faire*. No entanto, esta volta fio em um momento quando o rolo compressor neoliberal já estava bem encaminhado.

liberalismo de Manchester e do neoliberalismo. Margit von Mises (1890-1933) provavelmente o perdoou e até se juntou a ele na viagem. Não é de admirar, pois a conferência ocorreu em Paris. O neoliberalismo era, no início, um fenômeno puramente informal. Praticamente todos os proponentes eram economistas que cooperavam em uma rede espontânea dentro de algumas instituições como a International Chamber of Commerce (ICC) em Paris. Em meados da década de 1930, a rede atingiu a massa crítica necessária para uma organização mais formal sob a bandeira da nova terceira via.

Um passo importante para a aparência organizada da rede neoliberal emergente foi dado quando, em 1937, o jornalista norte-americano Walter Lippmann publicou um manifesto neoliberal com o título *Inquiry into the Principles of the Good Society*[30] [*Investigação sobre os Princípios da Boa Sociedade*].

O livro atraiu os neoliberais europeus, porque Lippmann expressou de maneira eloquente as próprias opiniões sobre as raízes da atual crise política e econômica. Aqueles que ainda se chamavam liberais rejeitavam o socialismo, mas não queriam ser fortemente associados à doutrina do *laissez-faire* de Manchester. Lippmann se colocou em oposição tanto aos antigos liberais como aos agitadores socialistas contemporâneos. A posição intermediária de Lippmann correspondia à mentalidade pragmática de seus compatriotas. Os norte-americanos tendem a adotar uma abordagem empresarial dos conflitos

---

[30] LIPPMANN, Walter. *Inquiry into the Principles of the Good Society*. Boston: Little, Brown & Co., 1937.

políticos, buscando resolvê-los por meio de negociações e compromissos. Lippmann apresentou de maneira perspicaz tanto os socialistas quanto os manchesterianos como teimosos doutrinários. Contrastava esses "extremistas" com o próprio esquema prático. Isso repercutiu nos economistas europeus neoliberais continentais do período entre-guerras, que diferiam de Lippmann apenas nos detalhes vislumbrados para a boa sociedade.

Um desses foi Louis Rougier (1889-1982), filósofo da Universidade de Paris e diretor de um "Centre Danubien". Rougier considerou o livro de Lippmann uma brilhante exposição de um consenso surgido entre os estudiosos liberais no passado recente, de modo mais notável nos livros de Ludwig von Mises, Lionel Robbins, Bernard Lavergne (1884-1975), Louis Marlio (1878-1952) e Jacques Rueff (1896-1978)[31]. Rapidamente, Lippmann arranjou uma edição francesa de seu livro, intutulado *La cité libre*[32] [*A Cidade Livre*], e aproveitou a ocasião para convocar um colóquio de cinco dias em Paris *"para rever o processo do capitalismo e tentar definir a doutrina, as condições necessárias para sua implementação e as novas responsabilidades de um verdadeiro liberalismo"*[33].

O evento aconteceu em 26 a 30 de agosto de 1938 no Commission Internationale de Coopération Intellectuelle

---

[31] ROUGIER, Louis. "Préface". In: *Le Colloque Walter Lippmann*. Paris: Librairie de Médicis, 1938.
[32] LIPPMANN, Walter. *La cité libre*. Paris: Librairie de Médicis, 1938.
[33] ROUGIER. "Préface". *Op. cit.* Posteriormente, o mesmo autor enfatizou que o propósito era definir o *neo*liberalismo. Ver: ROUGIER, Louis. "Le néolibéralisme". *Synthèses* (Décembre 1958).

(CICI) [Instituto Internacional de Cooperação Intelectual] e reuniu representantes de liberalismos muito diferentes. Esses homens recaíram em pelo menos quatro grupos, com visões distintamente diferentes sobre a história, a teoria e a agenda política do liberalismo moderno.

O primeiro grupo, que representava a corrente dominante do neoliberalismo, promovia não apenas um compromisso prático, mas também teórico, com o socialismo coercitivo. Estavam dispostos a se comprometer sobre qualquer item em particular para tornar a agenda geral mais palatável para o eleitor. Sua posição pode ser considerada como social--democracia "pró-mercado".

Em segundo lugar, houve um pequeno grupo de homens, como F. A. Hayek, que estavam insatisfeitos com vários aspectos do liberalismo clássico e endossaram um âmbito de certo modo um pouco maior para a intervenção do governo. Em contraste com o primeiro grupo, porém, sua preocupação fundamental era com a liberdade individual e, com o tempo, assumiram uma postura cada vez mais radical, aproximando-se cada vez mais da posição liberal clássica.

Terceiro, havia um grupo igualmente pequeno de homens, como Alexander Rüstow (1885-1963), relutantes em endossar completamente o liberalismo clássico, porém a principal objeção era contra o igualitarismo, tal como era, dos defensores. Argumentavam que a hierarquia era absolutamente necessária para a manutenção de uma sociedade livre, porque somente a autoridade nela implícita transmitiria com eficácia a tradição cultural da liberdade. O grande erro da Revolução Francesa foi que não só aboliu a hierarquia coercitiva do *Ancien Régime*, como também desprezou o princípio da hierarquia *per se*. Em seu fervor igualitário, jogara fora o bebê da hierarquia natural com a água do banho da hierarquia coercitiva.

Em quarto lugar, e por último, Ludwig von Mises manteve as políticas do *laissez-faire* do século XIX sobre bases teóricas refinadas que ele mesmo desenvolvera ao longo dos últimos dezoito anos. Na década de 1930, o economista austríaco foi reconhecido dentro e fora dos círculos libertários como o mais importante representante contemporâneo da Escola de Manchester[34].

O colóquio de Lippmann mostrou que três das percepções de Mises exerceram impacto profundo sobre os neoliberais. Em primeiro lugar, sua demonstração de que o cálculo econômico socialista era impossível os liberou de todas as

---

[34] Ver o seguinte trabalho de um autor esquerdista: HEIMANN, Eduard. *History of Economic Doctrines: An Introduction to Economic Theory*. New York: New York University Press, 1945. p. 19. O parecerista anônimo da edição francesa do *Gemeinwirtschaft* apresentou o autor como *"o líder incontestável da Escola da Economia Austríaca"* (resenha de *Le socialisme* em *Les industries mécaniques*. Paris: junho de 1938). Quando Louis Baudin (1887-1964) convidou Mises a juntar-se à comissão científica de um novo periódico francês de economia comparativa, em 1939, disse a ele que todas as orientações políticas seriam representadas na comissão, razão suficiente para que o liberalismo fosse defendido por mestres tais como Mises (ver: Carta Baudin para Mises, datada de 18 de maio de 1939. *Grove City Archive*, arquivo Baudin). A singularidade do papel de Mises ainda foi reconhecida uns vinte anos mais tarde por um dos últimos estudantes sobreviventes da escola francesa do *laissez-faire*. Escrevendo para Mises em setembro de 1957, o professor A. Bastet disse que o economista austríaco era o sucessor *"do nosso mestre Yves Guyot (1843-1928)"* – que fora, por sinal, herdeiro intelectual de Gustave de Molinari, e este um legatário do grande "proto-austríaco" Frédéric Bastiat. Ver: Carta de Bastet para Mises, datada de 5 de setembro de 1957. *Grove City Archive*, arquivo "B".

noções de que uma comunidade socialista plena seria viável ou mesmo desejável por razões econômicas. Em segundo lugar, o argumento do cálculo socialista os convenceu de que a fixação de preços competitivos é da maior importância e uma característica definidora do mercado livre. Terceiro, endossaram a defesa original de Mises do liberalismo, que enfatizava que uma ordem de propriedade privada seria o único sistema viável para a divisão do trabalho.

As duas últimas percepções, no entanto, foram distorcidas, de modo a acomodar a agenda intervencionista neoliberal. Enquanto Mises simplesmente declarara que uma divisão do trabalho baseada no cálculo só poderia ocorrer na presença da propriedade privada, os neoliberais se propuseram a manipular os sistemas jurídico e judicial para "melhorar" a divisão espontânea do trabalho que teria resultado do *laissez-faire* político. Para esses homens, o mercado era extremamente importante, mas acreditavam que a intervenção do governo poderia melhorar a "eficiência" e "justiça" no processo de mercado. Ao contrário dos socialistas, os neoliberais acreditavam que o mercado conduzia a sociedade na direção correta, mas, ao contrário dos liberais clássicos, acreditavam que o mercado sem entraves estava aquém do seu verdadeiro potencial.

Em um prefácio à primeira edição alemã do livro de Walter Lippmann, lançada em 1945, Wilhelm Röpke enfatizou a orientação das políticas neoliberais para a otimização da máquina social:

> Assim, a questão não é: a favor ou contra o *laissez-faire*? Em vez disso, qual é a ordem jurídica (*Rechtsordnung*) que se

enquadra numa constituição econômica justa, livre, da mais alta produtividade e baseada numa sofisticada divisão do trabalho?[35]

Como consequência dessa interpretação particular da teoria de Ludwig von Mises sobre os sistemas sociais, os neoliberais também reinterpretaram o significado das percepções do economista austríaco sobre a importância dos preços competitivos. Mises argumentou que uma divisão racional do trabalho poderia se basear apenas nos preços de mercado para os fatores de produção, o que, por sua vez, exigia a propriedade privada desses fatores. Em contrapartida, os neoliberais se concentraram exclusivamente nos próprios preços, negligenciando as condições sob as quais ocorrem os preços livres. Para eles, a conclusão prática do argumento do cálculo socialista não era o da não interferência do governo na propriedade em geral, mas sim que deveria evitar de se intrometer especificamente nos preços. No colóquio, Lippmann foi elogiado por sua distinção entre *"intervenções compatíveis com o mercado"* e intervenções incompatíveis com o funcionamento de uma economia de mercado[36]. Apenas a interferência direta

---

[35] RÖPKE, Wilhelm. "Einführung". In: LIPPMANN Walter. *Die Gesellschaft freier Menschen*. Bern: Francke. 1945. p. 32. Conforme demonstraesse texto, Röpke ficou profundamente impressionado com o trabalho de Lippmann, quem acreditava ter exercido um impacto tremendo sobre o movimento neoliberal.

[36] Rüstow se orgulhava de ter cunhado a frase *"liberaler Interventionismus"* (intervencionismo liberal clássico) já em 1932. Ver a cópia de sua carta para Volkmar Muthesius (1900-1979), datada do dia 23 de maio de 1955. *Grove City Archive*: Arquivo Muthesius. Provavelmente se referiu ao seu discurso no encontro de 1932 do *Verein* em Dresden, na Alemanha.

no funcionamento do mecanismo de preços seria ilegítima. Se o governo se limitasse a controlar apenas o marco jurídico no qual os participantes no mercado ficariam livres para prosseguir com seus projetos à vontade, esta intervenção não seria condenável de um ponto de vista neoliberal.

O princípio unificador das teorias neoliberais do pós--guerra foi uma tentativa de justificar a liberdade em alguns casos e a violência patrocinada pelo Estado em outros, por intermédio de uma mesma teoria. Os produtos mais importantes desses esforços foram a teoria dos bens públicos e a teoria de Chicago para o Direito e a Economia de Ronald Coase (1910-2013).

Mises criticou de maneira implacável a interpretação neoliberal do significado do argumento do cálculo socialista. Do seu ponto de vista, a distinção arbitrária entre o "papel do mecanismo de preços" e o "arcabouço do mercado" era absurda. É da natureza da intervenção governamental violar os direitos de propriedade privada, afetando assim o mecanismo de preços em todos os casos. Embora seja verdade que certos fenômenos resultam apenas de uma interferência direta no processo de fixação dos preços — a escassez e os excedentes, sobretudo — a grande questão do cálculo econômico permanece. Em última análise, é irrelevante se a intervenção do governo se intromete diretamente com os preços ou indiretamente pela da "estrutura" de formação de preços; em ambos os casos, os preços de mercado são pervertidos.

VI - Leonard Read e a Foundation for Economic Education (FEE)

Aproximadamente um ano após o início das palestras de Ludwig von Mises na New York University (NYU), foi criada outra instituição que se mostraria um pilar do renascimento do liberalismo clássico e que daria mais força às ideias do economista austríaco. Leonard Read chegara à conclusão de que seu engajamento com a diretoria da National Industrial Conference Board (NICB) [Conselho da Conferência Nacional das Indústrias] era um desperdício de tempo e de dinheiro. Uma das principais razões para essa ineficácia era o comprometimento da diretoria com uma política de "ouvir os dois lados". Na prática, isso significava, por exemplo, que nas conferências públicas bimestrais que a instituição patrocinava no hotel Waldorf-Astoria, os defensores do livre mercado e os defensores da intervenção do governo recebiam tempos iguais para apresentar os argumentos. Read acreditou que essa política estava baseada em um mal-entendido severo a respeito do que "ouvir ambos os lados", verdadeiramente, significaria no contexto atual. Nas palavras de sua biógrafa Mary Sennholz:

> O "outro lado" estava em toda parte – no governo, na educação e na imprensa. Mesmo os empresários passaram a confiar no governo para restrições de concorrência, para contratos e ordens públicas, assim como dinheiro e crédito fáceis, além de outros favores. [...] Como você apresenta "ambos os lados" quando "um lado" está ao seu redor, antecipando a discussão

pública, e o "outro lado" é apenas audível no ruído ensurdecedor do outro?[37].

Direcionar mais fundos para apresentar a opinião estatista era dinheiro escoando pelo ralo e sentiu que não poderia, em boa consciência, justificar essa despesa. No final de 1945, renunciou o posto que detinha e começou a visitar os doadores para pedir desculpas[38]. Um deles, o empresário Pierre F. Goodrich (1894-1973), de Nova York, incentivou Leonard Read a pensar na criação de sua própria organização. Dois meses depois, Read estabeleceu a Foundation for Economic Education (FEE), que, em julho de 1946, iria para as instalações bucólicas em Irvington-on-Hudson, várias milhas ao norte de Manhattan, onde ainda está localizada[39].

---

[37] SENNHOLZ, Mary. *Leonard E. Read: Philosopher of Freedom*. Irvington-on--Hudson: Foundation for Economic Education, 1993. p. 69.

[38] Ludwig von Mises continuou sendo convidado para outras conferências da NICB. Por exemplo, no dia 16 de maio de 1946, discutiu o tema das taxas de juros do pós-guerra com Woodlief Thomas (1897-1974), um economista do Federal Reserve [Reserva Federal], Friedrich Lutz (1901-1975), um representante do ordoliberalismo, e o neokeynesiano Paul Samuelson (1915-2009). E, no dia 22 de janeiro de 1948, participou de um simpósio que lidou com a questão: "Devemos retornar ao padrão-ouro?", no qual debateu com Philip Cortney (1895-1972), L. Albert Hahn (1889-1968) e Michael A. Heilperin (1909-1971). Ver: *Grove City Archive*: Arquivos NICB. Provavelmente, também, aceitar tais convites foi instrumental para proporcionar ao seu amigo Walter Sulzbach (1889-1969) um emprego no NICB em 1946 ou 1947. Ver: *Grove City Archive*: Arquivo Sulzbach.

[39] A ampla e bela mansão, na cidade de Irvington-on-Hudson, no estado de Nova York, que durante sessenta e oito anos abrigou a Foundation for Economic Education (FEE) foi vendida em 2014, por conta tanto dos impostos elevados quanto da excessiva regulamentação estatal. Mesmo diante dos esforços de diferentes gestões da FEE, as inúmeras exigências governamentais para a utilização da casa

Read mobilizou apoio empresarial importante para esse empreendimento. Possuía uma cadernetarepleta de endereços e estava pessoalmente familiarizado com muitos executivos e proprietários de grandes corporações, alguns dos quais também se juntaram à FEE como administradores.

A principal atividade da FEE era emitir panfletos e cartas explicando as "teses da liberdade" para aproximadamente 30.000 famílias[40]. O próprio Read proferiu um grande número de palestras públicas e, juntamente com seu outro grupo de pessoas, logo começaria a oferecer seminários de fim de semana e outros programas educacionais. Os panfletos e conferências colocaram estudantes de todo o país em contato com os escritos de Mises e outras luminárias do liberalismo clássico. Mises foi um dos primeiros economistas contratados para palestras e seminários nas instalações da FEE, e permaneceria como seu centro intelectual por mais de duas décadas[41].

Seria difícil exagerar a importância do aparecimento de FEE. Embora suas atividades não fossem notadas por um público nacional maior, a própria existência dessa organização deu às forças liberais clássicas, que se encontravam dispersas,

---

para realizar cursos e hospedar pesquisadores estavam há quase uma década impedindo a realização de diversas atividades na sede da instituição. Atualmente a sede da FEE se encontra em um conjunto de salas em um edifício comercial na cidade de Atlanta, na Georgia. (N. E.)

[40] O número de 30.000 foi atingido no início de 1949. Ver o memorando de Read datado de 23 de março de 1949. *Grove City Archive*: Arquivos FEE.

[41] Ele recebia *"uma quantia uniforme em intervalos regulares"* e assim se tornou, por razões técnicas (leis tributárias), empregado do FEE em outubro de 1946. Ver: Carta de Curtiss para Mises, datada de 8 de outubro de 1946. *Grove City Archive*: Arquivos FEE.

foco e orientação. Dera-lhes o que não tinham desde o auge do liberalismo do século XIX: um lar. A FEE forneceu o material e a infraestrutura para um retorno entusiasmado aos ideais dos liberais do *laissez-faire* do século XIX. Para a pergunta-chave sobre as funções apropriadas do governo, a resposta manchesteriana da FEE era que o governo deveria ser estritamente limitado à prevenção da *"força agressiva"* ou violência física[42].

Mais importante ainda, atraiu jovens interessados na defesa intelectual da liberdade e, em última análise, colocou Mises em contato com um grupo autosselecionado de estudantes, que eram muito mais receptivos às consequências políticas de suas ideias do que muitos dos participantes do seminário na NYU. Vários alunos que conheceu pela primeira vez em conferências da FEE mais tarde se juntaram ao seminário semanal na universidade, onde Mises poderia entrar em muito mais detalhes.

Por último, mas não menos importante, a FEE forneceu algum contrapeso intelectual à ortodoxia neoliberal que estava prestes a surgir no departamento de economia da University of Chicago. Em 1947 e 1948, respectivamente, Frank H. Knight (1885-1972) e o já citado Henry Calvert Simons (postumamente), publicaram coleções de artigos defendendo um libertarianismo tão ralo que não se distinguia da social-democracia[43]. Outros membros da Escola de Chicago foram Aaron Director (1901-2004) e Milton Friedman. O impacto da FEE era, é claro, comparativamente menor, contudo, sem

---

[42] NASH. *The Conservative Intellectual Movement in America. Op. cit.*, p. 24.
[43] KNIGHT, Frank H. *Freedom and Reform.* New York: Harper, 1947; SIMONS, Henry Calvert. *Economic Policy for a Free Society.* Chicago: University of Chicago Press, 1948.

ele, a Escola de Chicago teria dominado totalmente o cenário do livre mercado norte-americano.

VII - FREDERICK NYMEYER

Mais ou menos na mesma época em que Leonard Read estava criando a FEE em Irvington-on-Hudson, no estado de Nova York, Ludwig von Mises travou conhecimento com outra pessoa que por fim se transformaria em um aliado de longo prazo. Em maio de 1946, o empresário de Chicago, Frederick Nymeyer, terminou de ler a *Theorie des Geldes und der Umlaufsmittel*[44] [*A Teoria da Moeda e dos Meios Fiduciários*], o que o levou a escrever ao autor e a perguntar a respeito de outros escritos sobre o assunto[45]. Durante os meses seguintes, Nymeyer leu *Omnipotent Government*[46] [*Governo Onipotente*] e outros escritos em inglês do professor austríaco que estavam disponíveis. Era o leitor ideal para Mises. Recebera educação econômica no início da

---

[44] Livro publicado originalmente em alemão no ano de 1912, cuja segunda edição neste mesmo idioma, de 1924, serviu como base para uma versão inglesa, lançada em 1934, e disponível, atualmente, na seguinte edição: MISES, Ludwig von. *Theory of Money and Credit*. Pref. Murray N. Rothbard; intr. Lionel Robbins; trad. Harold E. Batson. Indianapolis: Liberty Fund, 1981. (N. E.)

[45] Carta de Nymeyer para Mises, datada de 20 de maio de 1946. *Grove City Archive*: Arquivos Nymeyer.

[46] A obra publicada originalmente em inglês, em 1944, está disponível atualmente na seguinte edição: MISES, Ludwig von. *Omnipotent Government: The Rise of the Total State and Total War*. Ed. e pref. Bettina Bien Greaves. Indianapolis: Liberty Fund, 2011. (N. E.)

década de 1920, depois trabalhara por algum tempo como representante de campo do *Harvard Business Cycle Index*. Estava bem familiarizado com o pensamento monetário que prevaleceu nos Estados Unidos. O livro *Theorie des Geldes und der Umlaufsmittel*, conforme descobriu, "era radicalmente diferente da abordagem mecanicista Teoria Quantitativa da Moeda" e, portanto, "tive alguma dificuldade para ajustar todo o meu pensamento à sua exposição". Parte da dificuldade parecia ser o uso diferente de termos, e Nymeyer, em seguida, passou a levantar questões sobre um dos conceitos cruciais da teoria: a demanda por moeda[47]. Mises concordou que a maneira como a expôs — a demanda por moeda como demanda por poder de compra — era ambígua, e que uma maneira melhor de dizer isso era que os participantes do mercado demandavam a retenção de dinheiro. Prometeu rever seus escritos de modo adequado e considerar esse ponto em seu próximo tratado sobre Economia.

Essa troca foi o início de uma aliança duradoura (embora nunca uma amizade mais pessoal). Nymeyer logo começou a ler outras obras de economistas austríacos disponíveis em inglês, em particular *Kapital und Kapitalzins*[48] [*Capital e Juros*] de Eugen von Böhm-Bawerk (1851-1914). Lentamen-

---

[47] Carta de Nymeyer para Mises, datada de 12 de junho de 1947. *Grove City Archive*: arquivos Nymeyer.

[48] A obra em três volumes lançada originalmente em alemão entre 1884 e 1914 foi publicada em língua inglesa na seguinte edição: BÖHM-BAWERK, Eugen von. *Capital and Interest*. Trad. George D. Huncke e Hans F. Sennholz. South Holland: Libertarian Press, 1959. 3v. [Volume I: History and Critique of Interest Theories / Volume II: Positive Theory of Capital / Volume III: Further Essays on Capital and Interest]. Em língua portuguesa o capítulo XII do primeiro volume foi publicado como o seguinte livro: BÖHM-BAWERK, Eugen von. *A Teoria da Explora-*

te, tornou-se um admirador dedicado da Escola Austríaca. Também era um calvinista devoto e afirmou: *"Böhm-Bawerk foi demasiado longe, além de Adam Smith, como João Calvino (1509-1564) foi além de Martinho Lutero (1483-1546)"*[49].

O agnosticismo de Ludwig von Mises não diminuiu a admiração de Frederick Nymeyer pelo economista austríaco. E não impediu o próprio Mises de cooperar aberta e produtivamente com os libertários cristãos nos Estados Unidos. Na Áustria, tal cooperação era praticamente impossível, porque os socialistas cristãos haviam empurrado a Igreja Católica para um beco intelectual sem saída. Somente personalidades destacadas como o monsenhor Ignaz Seipel (1876-1932) poderiam superar os ressentimentos socialistas contra o liberal Mises. Entretanto, nos Estados Unidos as coisas eram diferentes. Muitos clérigos protestantes no país amavam a liberdade individual e o livre mercado, e consideravam que esse amor resultava naturalmente de sua religião cristã. Muitos desses homens achavam que as teorias de Mises eram complementares à sua fé.

Em correspondência com um clérigo da Igreja Anglicana, no Canadá, que havia lido o livro *Human Action: A Treatise on Economics*[50] [*Ação Humana: Um Tratado sobre Economia*], Mises escreveu:

ção do Socialismo Comunismo. Pref. Hans F. Sennholz; trad. Lya Luft. São Paulo: Instituto Ludwig von Mises Brasil, 2ª ed., 2010. (N. E.)

[49] Carta de Nymeyer para Mortimer Adler, datada de 14 de fevereiro de 1948. *Grove City Archive*: Arquivos Nymeyer.

[50] O livro está disponível em português na seguinte edição: MISES, Ludwig von. *Ação Humana: Um Tratado de Economia*. Trad. Donald Stewart Jr. São Paulo: Instituto Ludwig von Mises Brasil, 3ª Ed., 2010. (N. E.)

Concordo plenamente com sua afirmação de que os Evangelhos não defendem políticas anticapitalistas. Lidei com esse problema há anos em meu livro *Socialismo* [...]. Além disso, concordo inteiramente com sua proposição de que não se encontra, em *Ação Humana* "uma só palavra que esteja em oposição à fé cristã"[51].

Mises acolheu com entusiasmo a publicação do periódico mensal *Faith and Freedom* da *Spiritual Mobilization*, uma organização baseada em Los Angeles, em dezembro de 1949. Claro que sabia muito bem que a maioria dos líderes protestantes defendia alguma forma de socialismo ou intervencionismo, e que embora a Igreja Católica *"lute valentemente contra o comunismo"*, não se opõe ao socialismo. Mas esses problemas estavam fora de seu campo: *"Creio que só os teólogos são capacitados para lidar com a questão"*.

Essa também foi a opinião de Frederick Nymeyer. Um dos principais motivos do estímulo para divulgar os escritos de Ludwig von Mises foi precisamente a relação complementar que percebeu entre o capitalismo do *laissez-faire* e o cristianismo.

Mises e Nymeyer provavelmente se encontraram pela primeira vez no final de janeiro de 1948. Nymeyer começou, então, a pensar sobre por que a Escola Austríaca de Economia não era preponderante nos Estados Unidos e chegou à conclusão de que obras austríacas não eram suficientemente

---

[51] Carta de Mises para P. C. Armstrong, datada de 16 de janeiro de 1950. *Grove City Archive*: Arquivo Armstrong.

conhecidas. No outono daquele ano, estava pronto para agir, contando especialmente com a volumosa caderneta de endereços ("*conheço vários dos grandes empresários do país, onde participo de alguns importantes conselhos de administração*"[52]).

E, no final de janeiro de 1949, depois de mais alguns encontros com Mises, Nymeyer desenvolveu um plano: a idéia era criar um "Instituto Liberal" sob a liderança de Mises na Chicago University – Nymeyer era amigo do reitor da Escola de Negócios – ou de alguma outra universidade adequada na área de Chicago[53]. Nymeyer já havia conquistado seu sócio Robert W. Baird (1883-1969) e o amigo John T. Brown (1876-1951), vice-presidente da J. I. Case Company. Em maio de 1949, conversaram com vários outros empresários da região.

No final de abril, a universidade dissera a Nymeyer que prefeririam "presentes irrestritos" para serem usados com "liberdade acadêmica" – o que significava que a instituição selecionaria a equipe do Instituto Liberal proposto. Mises comentou:

> Com base nesse *slogan* ["liberdade acadêmica"], as universidades estão boicotando todos os economistas que se atrevem a levantar objeções contra o intervencionismo de outro ponto de vista que não seja o do socialismo. Atualmente, questão da liberdade acadêmica não é se os professores comunistas

---

[52] Carta de Nymeyer para Mises, datada de 12 de outubro de 1948. *Grove City Archive*: Arquivos Nymeyer.
[53] Carta de Nymeyer para Mises, datada de 25 de janeiro de 1949. *Grove City Archive*: Arquivos Nymeyer.

devem ser tolerados. Melhor: só devem ser nomeados comunistas, socialistas ou intervencionistas?[54]

Entretanto, a resistência não veio apenas do interior das universidades. Alguns anos mais tarde (e muito mais sábio), Mises reconheceu a existência de outro fator:

> Uma das piores características do atual estado de coisas é a lealdade equivocada dos ex-alunos. Assim que alguém se atreve a criticar algo relativo a uma universidade, todos os ex-alunos vêm em socorro de sua *alma mater*. Então, temos o espetáculo das grandes empresas defendendo o boicote lançado pelas faculdades contra todos aqueles que não simpatizam com o intervencionismo, o planejamento e o socialismo[55].

Em todo caso, o plano para um "Instituto Liberal" baseado em Chicago sob a liderança de Mises não se materializou. Mas Nymeyer e seus amigos tiveram provavelmente alguma influência ao levar F. A. Hayek para a Chicago University, além de desempenharem no início dos anos 1950 um papel significativo para levantar fundos para as reuniões da Mont Pelerin Society[56].

---

[54] Manuscrito de uma carta de Mises para Nymeyer, em resposta à carta de Nymeyer datada de 26 de abril de 1949. *Grove City Archive*: Arquivos Nymeyer.
[55] Carta de Mises para Nymeyer, datada de 17 de maio de 1952. *Grove City Archive*: arquivos Nymeyer.
[56] Nymeyer para Hayek e outros, correspondência da primavera e verão de 1952. *Grove City Archive*: Arquivos Nymeyer.

VIII - Uma Conferência em Mont Pèlerin

Exatamente um ano após a fundação da Foundation for Economic Education (FEE) em Nova York, outra organização foi criada para suprir um fórum para a mudança e o desenvolvimento de ideias relevantes a partir de uma perspectiva liberal clássica. Ao contrário da FEE, essa organização não tinha sede permanente; foi concebida como uma sociedade de acadêmicos, e a vida dessa sociedade consistia principalmente em reuniões anuais, que ocorreram em diferentes cidades por todo o mundo. Mais importante ainda, porém, essa sociedade foi fundada no espírito do neoliberalismo; e os acadêmicos, políticos e jornalistas neoliberais representam, desde então, a maior parte dos membros.

A sociedade deu prosseguimento ao colóquio de Walter Lippmann de 1938 que Louis Rougier (1889-1982) organizou em Paris. Desta vez, a iniciativa recaiu naturalmente nas mãos de F. A. Hayek, bem conhecido em ambos os lados do Atlântico – devido ao sucesso do livro *The Road to Serfdom*[57] [*O Caminho da Servidão*], de 1944, e, também, porque estava entre os primeiros intelectuais ocidentais a renovar os contatos

---

[57] Acrescida de um longo estudo introdutório e de diversos anexos escritos por renomados economistas, foi publicada em inglês a seguinte edição crítica: HAYEK, F. A. *The Road to Serfdom: Text and Documents – The Definitive Edition*. Ed. e introd. Bruce Caldwell. Chicago: Chicago University Press, 2007. Traduzida com base na versão inglesa de 1976, a obra está disponível em português na seguinte edição: HAYEK, F. A. *O Caminho da Servidão*. Trad. Ana Maria Copovilla, José Ítalo Stelle e Liane de Morais Ribeiro. São Paulo: Instituto Ludwig von Mises Brasil, 6ª ed., 2010. (N. E.)

com os homólogos continentais depois da Segunda Guerra Mundial[58]. Nessas reuniões, surgiu lentamente a ideia de uma associação libertária. Hayek certamente discutiu o assunto quando encontrou Mises no fim de julho de 1946 no México, mas nesse ponto ainda não se transformara em nenhum plano concreto. Da Cidade do México, voou para Oslo, na Noruega, onde Trygve Hoff (1895-1982) organizou uma reunião preparatória para discutir o plano, um pouco vago, para o estabelecimento de uma associação neoliberal com vários intelectuais europeus, e foi ali que o plano de uma "Sociedade Acton-Tocqueville"[59] deve ter tomado forma[60]. Até o final

---

[58] Por exemplo, por volta de janeiro de 1949, Hayek já havia realizado diversas visitas à Áustria. Ver carta de Charmatz para Mises, datada de 27 de janeiro de 1949. *Grover City Archive*: Arquivo Charmatz.

[59] O nome originalmente escolhido por F. A. Hayek era em homenagem ao estadista, pensador político e historiador católico francês Alexis de Tocqueville (1805-1859) e ao ao historiador, editor, jornalista e estadista católico inglês John Emerich Edward Dalberg-Acton (1834-1902), mais conhecido como Lorde Acton. (N. E.)

[60] Ver carta de Hayek para Mises, circular datada de 28 de dezembro de 1946. *Grove City Archives*: Arquivos da Mont Pèrelin Society (MPS). Ver, também: Carta de Mises para Karl Brandt, datada de 7 de setembro de 1946. *Grove City Archives*: Arquivo Brandt. Mises esteve em contato com Hoff antes do dia 28 de junho de 1946. Hoff escreveu um manifesto libertário durante a guerra e enviou o texto para a Suécia, de onde um diplomata norte-americano deveria tê-lo enviado para o editor Alfred Knopf (1892-1984) em Nova York. Mas o diplomata nunca o fez, como Hoff veio a saber depois da guerra, porque considerou o manuscrito "não democrático" – o que provavelmente significou que era muito crítico dos dogmas fundamentais do aliado de guerra dos Estados Unidos. Hoff também veio a descobrir, de maneira independente, a impossibilidade do cálculo econômico no socialismo. Mises tinha o economista norueguês em alta consideração. Hoff foi *"um dos poucos contemporâneos cujo julgamento a respeito dos problemas tratados em* Ação Humana *é consequente"*. Carta de Mises para Hoff, datada de 11 de janeiro de 1950. *Grove City Archives*: Arquivos Hoff.

do ano, encontrara os fundos necessários para patrocinar o evento com fontes suíças, por intermédio de Albert Hunold (1899-1980), e norte-americanas, via William Volker Fund[61], bem como escreveu uma carta circular de convite para cerca de cinquenta pessoas, para uma conferência de dez dias nos Alpes suíços, na parte inferior do Monte Pelerin, perto da cidade de Vevey, no Lago Genebra.

F. A. Hayek provavelmente antecipou algum problema com Ludwig von Mises, porque pediu desculpas escritas à mão nessa mesma carta, dizendo que não tivera tempo para discutir o plano com Mises em detalhes. Sua apreensão acabou se mostrando acertada. Mises respondeu, escrevendo para Hayek que não poderia deixar a New York University (NYU) em abril e que *"abomino a ideia de ir para a Europa. Já vi decadência suficiente"*[62]. A pedido de Henry Hazlitt (1894-1993), havia escrito um memorando de quatro páginas

---

[61] Criada no ano de 1932, em Kansas City, no estado de Missouri, pelo empresário William Volker (1859-1947), essa fundação de caridade originalmente tinha como principal missão ajudar na reforma dos sistemas educacional e de saúde na cidade onde estava sediada, além defender menor interferência das esferas federal e estadual nas políticas municipais. Sob a gestão de Harold W. Luhnow (1895-1978), sobrinho do fundador, a instituição mudou o foco e passou a financiar autores libertários e conservadores, além de colaborar na criação da Foundation for Economic Education (FEE) em 1946, da Mont Pelerin Society em 1947 e do Intercollegiate Society of Individualists (ISI) em 1953, tendo a última, por influência de Russell Kirk (1918-1994), mudado o nome, posteriormente, para Intercollegiate Studies Institute (ISI). Em 1961 foi criado o Institute for Humane Studies (IHS), com suporte do William Volker Fund, que acabou, em pouco tempo, assumindo os recursos e a missão dessa fundação de caridade. (N. E.)

[62] Carta de Mises para Hayek. Datada de 31 de dezembro de 1946. *Grove City Archives*: arquivos MPS.

contendo suas "Observations on Professor Hayek's Plan" ["Observações sobre o plano do professor Hayek"]. Neste documento, afirmou que muitos planos semelhantes para conter a maré do totalitarismo tinham sido tentados nas últimas décadas – ele mesmo estava envolvido em alguns desses projetos – mas os planos fracassavam porque esses amigos da liberdade já haviam sido infectados pelo vírus estatista: "*Não perceberam que a liberdade se encontra inextricavelmente conectada à economia de mercado. Apoiaram, em geral, a parte crítica do programa socialista. Comprometeram-se como uma solução de terceira via, o intervencionismo*". No final do memorando, afirmou sua principal objeção:

> O ponto fraco do plano do professor Hayek é que se baseia na cooperação de muitos homens que são conhecidos pelo apoio ao intervencionismo. É necessário esclarecer esse ponto *antes* do início da conferência. Do modo como entendo o plano, não é tarefa desta conferência discutir novamente se um decreto do governo ou a determinação de um sindicato têm ou não a capacidade de elevar o padrão de vida das massas. Se alguém deseja discutir esses problemas, não é necessário que faça uma peregrinação ao Monte Pelerin. Poderá encontrar, em sua própria vizinhança, muitas oportunidades para fazer isso[63].

Em sua carta a Hayek, foi mais específico:

---

[63] Memorando datilografado de 31 de dezembro de 1946. *Grove City Archive*: Arquivos MPS. [Publicado como Anexo I na presente edição. p. 167-172. Cit. p. 172 (N. E.)]

Estou preocupado sobretudo com a participação de Wilhem Röpke, que é um intervencionista declarado. Creio que o mesmo vale para Karl Brandt (1904-1948), Harry Gideonse (1901-1985) e Max Eastman (1883-1969). Todos os três contribuem para a *New Leader*, uma revista puramente socialista – embora decididamente antissoviética[64].

Ainda assim, Mises não descartou sua participação, mas sugeriu um adiamento da conferência até setembro. Isso acabou sendo impraticável, e Hayek empreendeu outra tentativa de convencer o velho mentor no início de fevereiro. Minimizou a importância das conexões de Brandt, Gideonse e Eastman com a *New Leader*, mencionando que ele próprio já escrevera para essa revista. Contudo, o mais importante, foi o argumento de que o programa da conferência ainda era bastante aberto e que o principal objetivo da reunião de Vevey e dos encontros subsequentes seria conquistar especialmente aqueles historiadores e cientistas políticos que ainda abrigavam ideias equivocadas sobre uma série de questões, mas que estavam dispostos a aprender[65]. Isso foi, aparentemente, bastante convincente. Por sugestão de Hayek, Mises entrou em contato com o principal patrocinador da conferência, o já citado William Volker Fund, com sede em Kansas City, no

---

[64] Carta de Mises para Hayek, datada de 31 de dezembro de 1946. *Grove City Archive*: Arquivos MPS. Mises sugeriu que Hayek convidasse Luis Montes de Oca (1894-1958) e Gustavo R. Velasco (1903-1982) do México, Raúl Maestri (1908-1973) de Cuba e Torleiv Hytten (1890-1980) da Austrália.

[65] Carta de Hayek para Mises, datada de 3 de fevereiro de 1947. *Grove City Archive*: Arquivos MPS.

estado de Missouri, e, dentro de uma semana, os arranjos de viagem foram feitos por intermédio da FEE.

* * *

A conferência da Mont Pèlerin começou em 1º de abril de 1947 e consistiu em dez dias de sessões. Ludwig von Mises saíra de Nova York em 25 de março, animado e curioso para ver a Europa novamente depois de quase sete anos. Provavelmente viajou para a conferência via Paris e Genebra, onde conheceu William Rappard (1883-1958) e o já citado Paul Mantoux[66]. A reunião teve apenas uma agenda mínima e deixou grande margem de manobra para que os participantes determinassem os temas que desejariam discutir nos próximos dias.

Ludwig von Mises e os outros seis nova-iorquinos – Leonard Read, F. A. Harper (1905-1973) e Vernon Orval Watts (1898-1993) da FEE, bem como o jornalista Henry Hazlitt, Harry Gideonse, que na época era presidente do Brooklyn College, e John Davenport (1904-1987), da *Fortune Magazine* – representaram a guarnição manchesteriana da reunião. F. A. Hayek, Milton Friedman e Fritz Machlup eram neoliberais; pessoas como Walter Eucken, Bertrand de Jouvenel (1903-1987), Frank H. Knight, Michael Polanyi, Karl Popper (1902-1994) e George J. Stigler (1911-1991) já

---

[66] Carta de Mises para Montes de Oca, datada de 13 de março de 1947. *Grove City Archive*: Arquivos Montes de Oca. Carta de Mises para Mantoux, datada de 17 de março de 1947. *Grove City Archive*: Arquivo Mantoux.

eram social-democratas bastante liberais; e Maurice Allais (1911-2010), Wilhelm Röpke e Lionel Robbins representavam a extrema-esquerda da conferência. Allais não foi capaz de endossar a vaga "declaração de objetivos" que todos os outros participantes aprovaram em 8 de abril.

No discurso de abertura, Hayek estabeleceu a agenda para a reconstrução ideológica no pós-guerra do movimento do liberalismo clássico. Isso sugeria, por um lado, *"purgar a teoria liberal tradicional de certos acréscimos acidentais que a ela se uniram no transcurso do tempo"* e, por outro lado, *"enfrentar alguns problemas reais dos quais o liberalismo supersimplificado se esquivou ou que se tornaram aparentes somentea partir o momento em que se transformou em credo, de certo modo, estacionário e rígido"*[67]. Como os desdobramentos posteriores devem mostrar, o significado concreto desse programa foi: 1) absolver o liberalismo clássico de certas críticas amplamente difundidas, por exemplo, de que as políticas que inspirara haviam levado à miséria das massas; 2) distinguir o liberalismo "moderno" de seu predecessor mais antigo, o *laissez-faire*.

Algumas das outras palestras programadas, contudo, foram suficientes para justificar as premonições negativas de Ludwig von Mises. Por exemplo, o economista alemão

---

[67] Ver o discurso pronunciado, em 1º de abril de 1947, por F. A. Hayek na abertura da conferência na Mont Pelerin Society [Publicado como Anexo II na presente edição. p. 173-195. Cit. p. 176 (N. E.)]. Ver, também, o texto bastante moderado "Statement of Aims" [Declaração de Objetivos] da Mont Pelerin Society [Publicado como Anexo III na presente edição. p. 179-200. (N. E.)]. Uma cópia do documento original se encontra no *Grove City Archive*: Arquivo do Intercollegiate Society of Individualists (ISI). Arquivado por volta de 1964.

Walter Eucken explicou que a legislação antimonopólio não era suficiente para combater os monopólios. Maior inferência legislativa seria necessária nos campos do Direito corporativo, bem como do Direito de marcas e patentes. Defendeu, também, duas máximas da política econômica. Em primeiro lugar, embora houvesse liberdade de contrato, esta liberdade não devia se limitar de modo algum à liberdade de contrato para demais. Em segundo lugar, os participantes monopolistas do mercado deveriam ser forçados a se comportar como se estivessem sob "concorrência" – produzir as mesmas quantidades e vendê-las aos mesmos preços que prevaleceriam na "concorrência".

Eucken resumiu a mesma agenda intervencionista que já dominara o colóquio de Lippmann em 1938. Na época, Mises estava em lua-de-mel na cidade de Paris, o que pode explicar por que suas contribuições às discussões haviam sido excepcionalmente tranquilas. Agora era nove anos mais velho, mas a lua-de-mel tinha terminado. Reagiu com grande determinação e defendeu sua posição pelo *laissez-faire* tão vigorosamente que, muitos anos depois, seu amigo Lawrence Fertig (1898-1986) ainda recordava o debate.

O intercâmbio entre Ludwig von Mises e os opositores neoliberais estabeleceu o tom na Mont Pelerin Society nos próximos anos. Embora os libertários em torno de Mises fossem apenas uma pequena minoria, eram os que tinham o apoio financeiro dos principais patrocinadores norte-americanos, como o William Volker Fund, sem o qual a Mont Pelerin Society teria morrido muito rapidamente naqueles primeiros anos. Desde que Mises tomou parte ativa nas reuniões, portanto, ficou impossível simplesmente discutir os detalhes técnicos do intervencionismo governamental. O *laissez-faire* havia retornado. Não era a opinião da maioria, mas era uma opção política discutível e debatida – demais para alguns membros iniciais, como Maurice Allais, que logo abandonou a Sociedade precisamente por essa razão[68].

---

[68] Provavelmente, a visita de Allais à FEE em outubro de 1947 reforçou as preocupações de que os libertários norte-americanos fossem muito radicais para o seu gosto. A visita é mencionada em carta de Herbert Cornuelle para Mises, datada de 14 de outubro de 1947. *Grove City College Archive*: Arquivos FEE.

Parte I
LIBERDADE E PROPRIEDADE*

---

* O ensaio é a transcrição de uma conferência proferida na Princeton University, em New Jersey, nos Estados Unidos, em outubro de 1958, durante o 9º Encontro da Sociedade de Mont Pèlerin.

CAPÍTULO 1

No final do século XVIII, duas noções de liberdade eram predominantes, ambas muito diferentes daquilo se tem em mente hoje quando se fala de liberdade e de livre escolha. A primeira dessas concepções era puramente acadêmica e não tinha aplicabilidade na condução dos assuntos políticos. Tratava-se de uma ideia derivada dos escritos dos autores da antiguidade clássica, cujo estudo representava então a síntese e a essência da educação superior. Aos olhos dos autores gregos e latinos, a liberdade não era algo que devesse ser concedido a todos os homens. Era, antes, um privilégio garantido a uma minoria e negado à maioria. Na terminologia de hoje, o que os gregos chamavam de democracia não era aquilo que Abraham Lincoln (1809-1865) concebia como o governo do povo, mas sim uma oligarquia, isto é, a soberania dos cidadãos dotados de plenos direitos em

As Duas Noções de Liberdade

uma comunidade onde as massas se compunham de metecos ou escravos. Mesmo essa liberdade limitada, após o século IV a.C., não era abordada como uma instituição constitucional concreta pelos filósofos, historiadores e oradores, que a viam como herança de um passado irremediavelmente perdido. Lamentava-se o fim daquela era de ouro, mas não se conhecia nenhum método de retorno a ela.

A segunda noção de liberdade não era menos oligárquica, embora não se inspirasse em reminiscências literárias. Provinha do interesse dos aristocratas proprietários de terras – e, eventualmente, também de seus equivalentes urbanos – em preservar seus privilégios perante o crescente poder dos reis absolutistas. Na maioria das regiões da Europa continental, os príncipes saíram vitoriosos desses conflitos. Apenas na Inglaterra e na Holanda as famílias nobres do campo e das cidades conseguiram derrotar as dinastias. O que ganharam, porém, não foi liberdade para todos, mas apenas para uma elite, uma minoria da população.

Não devemos condenar como hipócritas esses homens do passado, que defendiam a liberdade ao mesmo tempo em que conservavam os impedimentos legais da maioria — até mesmo a servidão e a escravidão. Eles enfrentavam um problema para o qual não conheciam solução satisfatória. O sistema de produção tradicional era limitado demais para absorver uma população em contínuo crescimento. Crescia a cada dia o número de pessoas para as quais não havia sobrado espaço (no mais pleno sentido da expressão) dentro dos métodos pré-capitalistas de cultivo da terra e de fabricação artesanal de produtos. Esses contingentes caíram na miséria e na fome. Passaram a representar uma ameaça à preservação da ordem social vigente e, por um longo período de tempo, ninguém foi capaz de pensar em uma outra ordem, um novo estado de coisas, que fosse capaz de alimentar esses pobres coitados. Conceder-lhes plenos direitos civis estava fora de questão e compartilhar com eles a condução dos assuntos políticos era mais inconcebível ainda. O único expediente que os governantes conheciam era silenciá-los por meio da força.

CAPÍTULO 2

O sistema de produção pré-capitalista era restritivo. Historicamente, seu fundamento eram as conquistas militares. Os reis vitoriosos haviam outorgado a terra a seus paladinos e esses aristocratas eram senhores no sentido literal da palavra, pois seu sustento não dependia de consumidores que comprassem ou se abstivessem de comprar produtos em um mercado. Por outro lado, eles próprios eram os principais consumidores das indústrias de processamento que se organizavam corporativamente sob a forma de um sistema de guildas. Esse esquema de organização era avesso a inovações. Proibia-se todo e qualquer desvio em relação aos métodos tradicionais de produção. Havia empregos apenas para uma quantidade limitada de pessoas, mesmo na agricultura ou no artesanato. Sob essas condições, para usar as palavras de Thomas Malthus (1766-1834), muitas vezes um homem acabava descobrindo

A Liberdade e o Capitalismo

que *"no grande banquete da natureza não há talher posto para ele"* e que *"a natureza o intima a sair"*[1]. Mesmo assim, alguns desses párias conseguiram sobreviver, geraram filhos e, assim, fizeram com que o número de destituídos crescesse irremediavelmente mais e mais.

Mas, então, veio o capitalismo. Costuma-se frisar as inovações radicais que esse sistema trouxe, com a substituição dos métodos utilizados pelos artesãos em suas fábricas, mais primitivos e menos eficientes, pela fábrica mecanizada. Esta é, contudo, uma visão bastante superficial. O traço característico do capitalismo, aquele que o distingue dos métodos de produção pré-capitalistas, é seu novo princípio mercadológico. O capitalismo não é simplesmente a produção em massa, mas a produção em massa para satisfazer as necessidades das massas. As artes

---

[1] MALTHUS, Thomas R. *An Essay on the Principle of Population*. London: J. Johnson, 2ª Ed. 1803. p. 531.

e ofícios dos bons e velhos tempos buscaram, quase exclusivamente, satisfazer os desejos dos mais abastados. As fábricas, no entanto, produziam mercadorias baratas para o povo. Tudo o que produziam era projetado para servir às massas, os mesmos estratos sociais que nelas trabalhavam. Elas serviam a essas pessoas fornecendo-lhes mercadorias – seja diretamente, seja indiretamente, ao exportarem mercadorias, garantindo assim o fornecimento de alimentos e de matéria-prima provenientes do exterior. Esse princípio mercadológico era a marca essencial do capitalismo primitivo e continua sendo a do capitalismo atual. Os próprios empregados são os clientes que consomem a maioria esmagadora das mercadorias produzidas. São eles o cliente que "tem sempre a razão". O seu comprar ou não comprar é que determina o que deve ser produzido, em que quantidade e de que qualidade. Ao comprarem o que mais lhes convém, eles fazem com que algumas empresas lucrem e se expandam, ao mesmo tempo em que causam prejuízos e a retração de outras. Desse modo, transferem continuamente o controle dos fatores de produção para as mãos dos empresários mais capazes de satisfazer suas necessidades. No capitalismo, a propriedade privada dos meios de produção tem função social. Por sua vez, os empreendedores, capitalistas e proprietários de terras são, por assim dizer, mandatários dos consumidores e seu mandato é revogável. Para ser rico, não basta que o indivíduo tenha um dia poupado e acumulado capital. É preciso que ele o reinvista incessantemente e da maneira que melhor coincida com os desejos dos consumidores. O processo de mercado é um plebiscito diariamente repetido e exclui, das fileiras dos que lucram, aqueles que não empreguem sua propriedade de acordo com os comandos do povo. A empresa privada, essa entidade que é alvo do ódio fanático de todos os pretensos intelectuais e de todos os governos contemporâneos, só pode crescer e conservar seu tamanho porque trabalha para as massas. Os negócios dedicados a satisfazer aos luxos de uns poucos jamais veem suas fábricas ultrapassarem um determinado tamanho. A grande deficiência dos historiadores e dos políticos do século XIX foi o não terem percebido que os trabalhadores são os principais consumidores dos produtos da indústria. Na visão deles, o assalariado era um homem que labutava apenas para o benefício de uma classe ociosa parasitária. Teorizavam sob a ilusão de que as indústrias haviam usurpado o quinhão dos trabalhadores manuais. Se tivessem prestado atenção às estatísticas, teriam facilmente descoberto o caráter falacioso de sua opinião. A mortalidade infantil declinou, a expectativa média de vida aumentou, a população se multiplicou e o homem médio passou a desfrutar de amenidades com que nem mesmo os ricos de outras épocas sonhavam.

Entretanto, esse enriquecimento inédito das massas era um mero subproduto da Revolução Industrial. Sua principal conquista foi a transferência da supremacia econômica dos proprietários de terra para a totalidade da população. O homem comum não era mais um lacaio que tinha de se satisfazer com as migalhas que caíam da mesa dos ricos. As três classes marginalizadas tipicamente características da era pré-capitalista – os escravos, os servos e aqueles que a bibliografia patrística e escolástica, bem como a legislação britânica dos séculos XVI ao XIX, chamavam de pobres – desapareceram.

Seus filhos, nesse novo cenário, tornaram-se não apenas trabalhadores livres, mas também clientes. Essa mudança radical refletiu-se na ênfase que os homens de negócios passaram a dar aos mercados. Acima de tudo, um negócio necessita de mercados, sempre. Esse era o mote do empreendimento capitalista; e mercados são sinônimo de patrocinadores, compradores, consumidores. Em um sistema capitalista, há apenas um caminho para a riqueza: servir melhor aos consumidores e oferecer-lhes produtos mais baratos que os dos outros.

Dentro da empresa e da fábrica, o proprietário (ou, nas corporações, o presidente, que é o representante dos acionistas) é quem manda. Esse domínio, no entanto, é apenas aparente e condicional, pois sujeita-se à supremacia dos consumidores. O consumidor é o soberano, é ele o verdadeiro chefe. O fabricante está liquidado, se não superar os concorrentes e servir melhor aos consumidores.

Essa grande transformação econômica foi o que mudou a face do mundo. Em consequência dela, o poder político passou rapidamente das mãos de uma minoria privilegiada para as mãos do povo. Ao sufrágio industrial seguiu-se o sufrágio universal. O homem comum, a quem o processo de mercado concedera o poder de escolher seus empreendedores e capitalistas, adquiriu poder análogo em relação aos seus governantes, tornando-se então um eleitor.

Muitos e eminentes economistas - creio que o primeiro deles foi Frank A. Fetter (1863-1949) – já observaram que o mercado é uma democracia na qual cada centavo dá direito a um voto. Seria mais correto dizer que esse sistema no qual o povo governa por meio de representantes é uma tentativa de organizar os assuntos constitucionais segundo o modelo mercadológico. Esse projeto, no entanto, nunca chega a se concretizar plenamente, pois no campo da política, sempre prevalece a vontade da maioria e as minorias têm de aceitá-la. No processo de mercado, por outro lado, as minorias também têm vez, desde que não sejam diminutas ao ponto de se tornarem insignificantes. A indústria da moda produz roupas não apenas para as pessoas normais, mas também para os obesos; o mercado editorial publica não apenas livros de aventura no Velho-Oeste e estórias policiais, mas também obras para os leitores mais exigentes.

Há ainda uma segunda diferença importante. Na esfera política, um indivíduo, ou um pequeno grupo de indivíduos, não tem meios de desobedecer a vontade da maioria. Por outro lado, no campo intelectual, a propriedade privada torna possível o rebelar-se. O rebelde, é verdade, tem de pagar um preço por sua rebeldia; não há prêmio, neste mundo, que possa ser ganho sem sacrifícios. Mas se estiver disposto a pagar o preço, o indivíduo está livre para desviar-se da ortodoxia ou neo-ortodoxia vigente. Em um sistema socialista, quais teriam sido as condições de vida de hereges como Søren Kierkegaard (1813-1855), Arthur Schopenhauer (1788-1860), Thorstein Veblen (1857-1929) ou Sigmund Freud (1856-1939)? E para pessoas como Claude Monet (1840-1926), Gustave Courbet (1819-1877), Walt Whitman (1819-1892), Rainer Maria Rilke (1875-1926) ou Franz Kafka (1883-1924)? Em todas as épocas do passado, os criadores de novas formas de pensar e agir só puderam atuar porque a propriedade privada tornava possível o desrespeito aos usos da maioria. Poucos desses separatistas gozavam de independência financeira suficiente para que pudessem forçar os governantes a adotarem as opiniões da maioria. Mesmo assim, em meio ao clima público de liberdade econômica então em gestação, encontraram pessoas dispostas a ajudá-los e apoiá-los. O que teria sido de Karl Marx (1818-1883), por exemplo, sem seu patrono Friedrich Engels (1820-1895), empresário do setor industrial?

CAPÍTULO 3

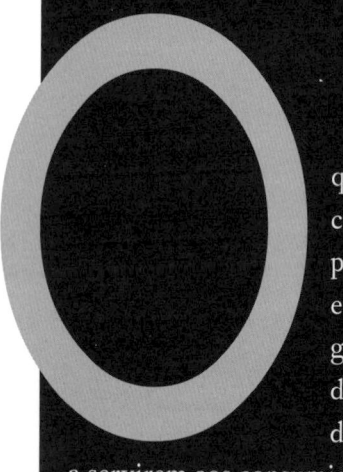

O que corrompe inteiramente a crítica dos socialistas ao capitalismo é sua incapacidade de perceber a soberania dos consumidores na economia de mercado. Enxergam apenas a organização hierárquica dos diversos empreendimentos e projetos e não conseguem entender que o sistema de lucro força as empresas a servirem aos consumidores. Ao negociarem com os empregadores, os sindicalistas agem como se somente a malícia e a ganância impedissem a "diretoria" de pagar-lhes salários mais altos. Em sua miopia, nada enxergam para além dos portões da fábrica. Reunidos com seus patronos políticos, falam de concentração do poder econômico e não percebem que esse poder se encontra, ao fim e ao cabo, nas mãos do público comprador, do qual os próprios empregados compõem a esmagadora maioria. Essa incapacidade de ver as coisas como elas são

A Soberania dos Consumidores e a Preservação da Liberdade

reflete-se ainda em diversas metáforas inadequadas, como as de império e aristocracia industriais. Esses indivíduos são demasiado estúpidos para perceber a diferença entre um soberano ou um nobre, que só poderiam ser destituídos por algum conquistador mais poderoso, e um "rei do chocolate", que perderia seu "império" assim que seus clientes decidissem financiar um outro fornecedor.

Essa distorção está por trás de todos os planos socialistas. Se algum líder socialista tivesse algum dia tentado ganhar a vida vendendo cachorros-quentes, teria aprendido alguma coisa sobre a soberania dos clientes. Esses líderes, no entanto, são revolucionários profissionais e seu único trabalho é fomentar a guerra civil. O ideal de Vladimir Lenin (1870-1924) era estruturar um sistema produtivo nacional segundo o modelo dos correios e telégrafos, uma organização que não depende dos consumidores porque seus déficits são cobertos pela arrecadação compulsória de impostos. *"A sociedade inteira"*, dizia ele, deveria "*tornar-se um grande escritório e uma grande fábrica*"[2]. O que lhe escapa à visão é que o escritório e a fábrica mudam completamente de caráter quando deixam de garantir às pessoas a oportunidade de escolherem entre produtos e serviços de várias empresas e passam a existir sozinhos no mundo. Como sua cegueira tornava-lhe impossível enxergar o papel desempenhado pelo mercado e pelos consumidores no capitalismo, Lenin era incapaz de perceber a diferença entre liberdade e escravidão. Já que, aos seus olhos, os trabalhadores eram apenas trabalhadores e nunca também consumidores, ele acreditava que essas pessoas já eram escravas no capitalismo e que sua posição na sociedade não mudaria com a nacionalização de todas as fábricas e empresas comerciais. O socialismo substitui a soberania dos consumidores pela de um ditador, ou comissão de ditadores. Juntamente com a soberania econômica dos cidadãos, desaparece também sua soberania política. Ao programa unificado de produção, que impede qualquer tipo de planejamento por parte dos consumidores, corresponde, na esfera constitucional, o princípio do partido único, que priva os cidadãos de toda e qualquer oportunidade de planejar o curso dos assuntos políticos. A liberdade é indivisível. O indivíduo que não tem a oportunidade de escolher entre várias marcas de comida enlatada, ou de sabão, também não tem o poder de, escolhendo entre vários partidos e programas políticos, eleger seus representantes. Ele perde sua condição humana e

---

[2] LENIN, Vladmir. I. *State and Revolution*. New York: International Publishers, (s.d.). p. 84.

torna-se um peão nas mãos de um engenheiro social todo-
-poderoso. Até mesmo a sua liberdade de gerar descendentes lhe será tomada pela eugenia.

Os líderes socialistas, é claro, costumam nos garantir que a tirania ditatorial deve durar apenas pelo período de transição do capitalismo e do governo representativo ao paraíso socialista onde os desejos e as necessidades de todos serão plenamente satisfeitos[3]. Quando o regime socialista estiver *"suficientemente seguro para aceitar possíveis críticas"*, conforme nos promete Miss Joan Robinson (1903-1983), eminente representante da nova Escola de Cambridge, *"até mesmo associações filarmônicas independentes"* serão permitidas[4]. Portanto, a eliminação de todos os dissidentes é a condição para que sejamos conduzidos ao que os comunistas chamam de liberdade. Desse ponto de vista, podemos compreender também o que tinha em mente outro distinto britânico, o Sr. J. G. Crowther (1899-1983), quando elogiava a Inquisição por *"beneficiar a ciência ao proteger uma classe em ascensão"*[5]. Tudo isso tem um sentido muito claro. Quando todos se curvarem docilmente a um ditador, não haverá mais nenhum dissidente para eliminar. Calígula (12-41), Tomás de Torquemada (1420-1498) e Maximilien de Robespierre (1758-1794) teriam concordado com essa solução.

---

[3] MARX, Karl. *Zur Kritik des Sozialdemokratischen Programms von Gotha*. Ed. Karl Kreibich. Reichenberg: Volksbuchhandlung Runge & Co., 1920. p. 23.

[4] ROBINSON, Joan. *Private Enterprise or Public Control*. London: English Universities Press, (s.d.). p. 13-14.

[5] CROWTHER, J. G. *Social Relations of Science*. London: Macmillan, 1941. p. 333.

Os socialistas arquitetaram uma verdadeira revolução semântica, em que os termos se convertem em seus opostos. No vocabulário de sua "novafala"[6], como a chamava George

---

[6] A "Novafala" ou "Novilíngua", do original em inglês "Newspeak", é uma língua ficcional, criada por George Orwell no romance *1984*, publicado originalmente em 1949, no qual é narrado o cotidiano dos habitantes de Oceânia no ano de 1984, vivendo sobre o regime totalitário e repressivo do *Big Brother*, o grande irmão. No apêndice "Os princípios da Novafala" o próprio autor apresenta uma definição segundo a qual: *"a novafala era o idioma oficial de Oceânia e fora concebido para atender às necessidades ideológicas do Socing, ou Socialismo Inglês"* (p. 347). A ideia era que a Novafala substituísse completamente a Velhafala (Oldspeak), também conhecida como inglês padrão. Mais adiante Orwell afirma:

O objetivo da Novafala não era somente fornecer um meio de expressão compatível com a visão de mundo e os hábitos mentais dos adeptos do Socing, mas também inviabilizar todas as outras formas de pensamento. A ideia era que, uma vez definitivamente adotada a Novafala e esquecida a Velhafala, um pensamento herege – isto é, um pensamento que divergisse dos princípios do Socing – fosse literalmente impensável, ao menos na medida em que pensamentos dependem de palavras para ser formulados. O vocabulário da Novafala foi elaborado de modo a conferir expressão exata, e amiúde muito sutil, a todos os significados que um membro do Partido pudesse querer apropriadamente transmitir, ao mesmo tempo que excluía todos os demais significados e inclusive a possibilidade de a pessoa chegar a eles por meios indiretos. Para tanto, recorreu-se à criação de novos vocábulos e, sobretudo, à eliminação de vocábulos indesejáveis, bem como a subtração de significados heréticos e, até onde fosse possível, de todo e qualquer significado secundário dos vocábulos remanescentes porventura existissem (p. 348).

Ao descrever as características da gramática da Novafala, Orwell destaca duas peculiaridades, a saber:

1) *"Permutabilidade quase completa entre diferentes elementos do discurso"*, de tal forma que qualquer palavra da Novafala *"podia ser usada como verbo, substantivo, adjetivo ou advérbio"* (p. 350);

2) *"Regularidade"*, onde, dentre outras aberrações lingüísticas, *"todas as inflexões seguiam a mesma regra. Assim sendo, o pretérito e o particípio de todos os verbos eram iguais"* (p. 351).

Além dessas características de vocabulário e de gramática, somos informados que, com o objetivo único de facilitar e agilizar o modo como as pessoas falam, a No-

Orwell (1903-1950), encontramos a expressão "princípio do partido único". Ora, etimologicamente, *partido* deriva do substantivo *parte*. Uma parte sem pares não mais difere de seu antônimo, o todo; torna-se idêntica a ele. Um partido, sem seus pares, não é um partido. O princípio do partido único é, na verdade, um princípio da inexistência de partidos; é a supressão de todo tipo de oposição. A liberdade pressupõe o direito de escolher entre concordância e dissidência. Em novafala, entretanto, significa o dever de concordar com a proibição incondicional e estrita de toda e qualquer dissidência. Essa inversão da conotação tradicional de todos os termos políticos não é uma simples peculiaridade da linguagem dos comunistas russos e de seus discípulos fascistas e nazistas. Uma ordem social que, ao abolir a propriedade privada, destitui os consumidores de sua autonomia e independência, sujeitando assim todos os homens ao juízo arbitrário de um comitê de planejamento central, não conseguiria obter o apoio das massas se não se camuflasse seu caráter verdadeiro. Os socialistas jamais teriam conseguido ludibriar os eleitores, se lhes tivessem dito abertamente que seu objetivo último era lançá-los na servidão. Para propósitos exotéricos, viram-se obrigados a falar de liberdade no sentido tradicional, mas apenas da boca para fora.

---

vafala elimina todas as palavras mais difíceis ou menos sonoras (p. 351), além de optar por substituir por siglas ou versões contraídas os nomes de organizações, grupos de pessoas, doutrinas, países, instituições ou edifícios públicos (p. 356). Com base em tudo que foi apresentado, *"fica evidente que na Novafala era praticamente impossível expressar, a não ser de modo muito incipiente, quaisquer opiniões que divergissem da ortodoxia"* dos princípios do Socing (p. 359). Utilizamos aqui a seguinte edição da obra: ORWELL, George. *1984*. Trad. Alexandre Hubner e Heloisa Jahn; posf. Erich Fromm, Bem Pimlott e Thomas Pynchon. São Paulo: Companhia das Letras, 2009. (N. E.)

CAPÍTULO 4

Nas discussões esotéricas entre os círculos internos da grande conspiração, a coisa era diferente. Ali, os iniciados não dissimulavam suas intenções com respeito à liberdade. Em sua opinião, a liberdade foi certamente um traço positivo do passado, no quadro da sociedade burguesa, pois lhes concedeu a oportunidade de embarcar em seus planos. Uma vez, porém, que o socialismo tenha triunfado, não há mais nenhuma necessidade de liberdade de pensamento e autonomia de ação da parte dos indivíduos. Quaisquer transformações ulteriores só podem representar desvios em relação ao estado perfeito a que a sociedade se alçou quando recebeu a dádiva do socialismo. Em tal situação, seria simplesmente insensato tolerar divergências.

A liberdade, segundo o bolchevique, é um preconceito burguês. O homem comum não possui ideias próprias, não escreve livros, não concebe heresias e não inventa novos métodos de produção. Quer apenas

O Capitalismo e o Homem Comum

aproveitar a vida. Para ele, os interesses de classe dos intelectuais que ganham a vida como dissidentes e inovadores profissionais não fazem nenhum sentido.

Esta é, certamente, a mais arrogante declaração de desprezo pelo cidadão comum jamais concebida. Não há necessidade de discuti-la, pois não se trata de saber se o homem comum é capaz de tirar vantagem da liberdade de pensar, expressar-se ou escrever livros. Trata-se de saber se o letárgico cidadão preso à sua rotina se beneficia da liberdade assegurada àqueles que o excedem em matéria de inteligência e força de vontade. O homem comum pode olhar com indiferença, e até desdém, para os assuntos desses indivíduos. No entanto, compraz-se em gozar de todos os benefícios que os empreendimentos dos inovadores colocam à sua disposição. Falta-lhe a capacidade de compreender certos assuntos que, a seus olhos, não passam de perda de tempo. Mas assim que os homens de negócios transformam seus pensamentos e suas teorias em empreendimentos cujo objetivo é satisfazer-lhe certos desejos latentes, a primeira coisa que ele faz é adquirir os novos produtos. O homem comum é, sem dúvida, o principal beneficiário de todas as descobertas da ciência e da tecnologia.

É verdade que um homem de capacidade intelectual mediana não tem chances de ascender à posição de um dono de indústria. Mas a soberania que o mercado lhe confere no âmbito econômico estimula os tecnólogos e empreendedores a converterem para o seu uso todas as descobertas da pesquisa científica. Esse fato só escapa à percepção de pessoas cujo horizonte intelectual não ultrapassa a organização interna da fábrica e que não percebem o que move os homens de negócios.

Os admiradores do sistema soviético não se cansam de repetir que a liberdade não é o bem supremo e que "não vale a pena" tê-la se isso implicar a perpetuação da pobreza. Sacrificá-la em prol da riqueza das massas é, a seu ver, algo perfeitamente justificável. Porém, exceto por alguns individualistas insubordinados que não conseguem adaptar-se às maneiras de seus colegas "normais", todo os russos estão perfeitamente felizes. Resta saber se essa felicidade é partilhada também pelos milhões de camponeses ucranianos que morreram de fome, pelos prisioneiros dos campos de trabalho forçado e pelos líderes marxistas eliminados em operações de expurgo. Ademais, não podemos ignorar o fato de que o padrão de vida da população era incomparavelmente melhor nos países livres do Ocidente do que no Oriente comunista. Ao abrirem mão da liberdade como preço a pagar pela aquisição da prosperidade, os russos fizeram um mau negócio. Hoje não possuem nenhuma das duas.

CAPÍTULO 5

A filosofia romântica desenvolveu-se sob a ilusão de que, nos primórdios da humanidade, os indivíduos eram livres e que o decurso da evolução histórica os destituiu de sua liberdade primordial. Para Jean-Jacques Rousseau (1712-1778), a natureza deu aos homens a liberdade e a sociedade os escravizou[7]. Na verdade, o homem primitivo estava à mercê de qualquer um de seus semelhantes que fosse mais forte que ele e, consequentemente, capaz de arrancar-lhe seus escassos meios de subsistência. Não há, na natureza, nada a que se possa dar o nome de liberdade. O conceito de liberdade refere-se sempre às rela-

---

[7] ROUSSEAU, Jean-Jacques. *Do Contrato Social*. Intr. e notas de Paul Arbousse-Bastide e Lourival Gomes Machado; trad. Lourdes Santos Machado. São Paulo: Abril Cultural, 1973. Livro I, Capítulo I. (N. E.)

A Liberdade e o Estado

ções sociais entre os seres humanos. A sociedade, decerto, é incapaz de realizar o conceito ilusório da absoluta independência individual. No âmbito social, todo indivíduo depende da contribuição que os outros estejam dispostos a dar para o seu bem-estar, em troca da contribuição que ele mesmo ofereça pelo bem-estar dos outros. A sociedade consiste, basicamente, no intercâmbio de serviços. Os indivíduos, na medida em que tenham a oportunidade de escolher, são livres. Se são forçados pela violência, ou pela ameaça de violência, a render-se aos termos de uma troca, não possuem liberdade. O escravo não é livre precisamente porque seu dono é quem lhe atribui suas tarefas e determina o que ele irá ganhar se as cumprir.

No que diz respeito ao aparato de repressão e coerção, que é o Estado, não se pode falar de liberdade. O governo é, essencialmente, a negação da liberdade. É o recurso à violência, ou à ameaça de empregá-la, para fazer todas as pessoas obedecerem às ordens dos governantes.

Em todo o âmbito de sua jurisdição, o que existe é coerção, não liberdade. O Estado é uma instituição necessária, é o meio que torna possível que o sistema social de cooperação funcione corretamente, sem ser perturbado por atos violentos da parte de malfeitores, sejam estes internos ou estrangeiros. O governo não é, como se costuma dizer, um mal necessário; não é um mal, mas sim um meio, o único de que dispomos para tornar possível a coexistência humana pacífica. Mas é o oposto da liberdade, é sinônimo de bater, aprisionar, enforcar. Tudo o que um governo faz é, em última instância, garantido pela ação de agentes armados. Se ele administra, por exemplo, uma escola ou um hospital, o dinheiro necessário é arrecadado sob a forma de impostos, isto é, de pagamentos extraídos compulsoriamente dos cidadãos.

Se atentarmos para o fato de que, sendo a natureza humana tal como é, não pode haver civilização nem paz sem a operação do aparato estatal de exercício da violência, podemos considerar o governo a mais benéfica das instituições humanas. Mesmo assim, permanece o fato: governo significa repressão, não liberdade, a qual só encontraremos na esfera onde este não interfira. Ser livre é, sempre, livrar-se do governo; é restringir sua interferência. A liberdade só prevalece nas áreas em que os cidadãos tenham a oportunidade de escolher a maneira como querem proceder. Os direitos civis, por sua vez, são o conjunto das leis que circunscrevem precisamente a esfera na qual os homens responsáveis pela condução dos assuntos de Estado podem restringir a liberdade de ação do indivíduo.

O objetivo supremo a que os homens visam quando instituem o governo é tornar possível o funcionamento de um sistema definido de cooperação social regido pelo princípio da divisão do trabalho. Se o sistema social desejado pelo povo é o socialismo (comunismo e planejamento), não resta nenhuma esfera de liberdade. Nesse caso, todos os cidadãos estão sujeitos às ordens do governo com respeito a todos os assuntos. O Estado é total; o regime é totalitário. O governo, e somente ele, planeja e força todos os indivíduos a comportarem-se de acordo com seu plano único. Em uma economia de mercado, os indivíduos são livres para escolher como querem integrar-se no quadro da cooperação social. Até onde a esfera das relações de troca no mercado se estende, aí existe ação espontânea por parte dos indivíduos. Nesse sistema, conhecido como *laissez-faire* e batizado por Ferdinand Lassalle (1825-1864) como o *"Estado vigia noturno"* (*Nachtwächterstaat*)[8], existe liberdade porque há um campo em que os indivíduos são livres para planejar por si mesmos.

Os socialistas são obrigados a admitir que não há nenhum tipo de liberdade em um sistema socialista. No entanto, para tentar apagar a diferença entre o estado servil e a liberdade econômica, negam que a troca de mercadorias e serviços no mercado represente qualquer tipo de liberdade. Toda troca no mercado é, nas palavras de uma escola de juristas pró-socialismo, *"uma forma de coerção da liberdade do outro"*. Aos seus olhos, não há diferença significativa entre pagar uma taxa ou multa imposta por um juiz e comprar um jornal

---

[8] LASSALLE, Ferdinand. *Arbeiterprogramm. Ueber den besondern Zusammenhang der gegenwärtigen Geschichtsperiode mit der Idee des Arbeiterstandes.* Zürich: Meyer & Zeller, 1863. (N. E.)

ou um bilhete de cinema. Em ambos esses casos, o indivíduo é subjugado por um poder que o governa. Ele não tem liberdade, pois conforme afirma o professor Robert L. Hale (1884-1969), a liberdade humana significa *"a ausência de qualquer obstáculo ao uso de bens materiais pelo indivíduo"*[9]. Isso significa dizer o seguinte: Não sou livre, porque uma mulher que teceu um suéter, quiçá para dar de presente de aniversário ao seu marido, impõe-me obstáculos a que eu o use. Eu mesmo estou restringindo a liberdade de todas as outras pessoas porque me oponho a que elas usem minha escova de dentes. Ao fazer isso, segundo essa doutrina, estou exercendo um poder de governo privado, que é análogo ao poder público de governo – aquele tipo de poder que o Estado exerce ao aprisionar alguém na penitenciária de Sing Sing, no estado de Nova York.

Os defensores dessa fantástica doutrina, invariavelmente, concluem que a liberdade não existe em parte alguma. Aquilo a que chamam pressões econômicas, afirmam eles, em nada difere essencialmente das pressões exercidas pelos senhores sobre seus escravos. Além disso, embora rejeitem aquilo a que chamam *"poder de governo privado"*, não se opõem à restrição da liberdade imposta pelo poder público. Desejam concentrar nas mãos do governo todas as instâncias daquilo a que chamam restrições da liberdade. Por fim, atacam a instituição da propriedade privada, bem como as leis que, segundo afirmam, estão sempre *"prontas a fazer valer os*

---

[9] HALE, Robert L. *Freedom Through Law, Public Control of Private Governing Power*. New York: Columbia University Press, 1952. p. 4ss.

direitos de propriedade — isto é, a negar a liberdade a quem quer que deseje agir de modo a violá-los"[10].

Uma geração atrás, toda dona de casa preparava sopa a partir das receitas de sua mãe ou de um livro de receitas. Hoje em dia, muitas preferem comprar uma sopa em lata, aquecê-la e servi-la à família. Pois bem, segundo nossos eruditos doutores, a empresa produtora de enlatados adota uma postura de restrição da liberdade da dona de casa, pois ao pedir que se pague um valor pela lata, impõe um obstáculo a que ela use o produto. Qualquer pessoa que não tenha tido o privilégio de aprender com esses eminentes professores diria que o produto enlatado foi fabricado pela empresa em questão e que esta, ao fabricá-lo, eliminou o maior dos obstáculos conhecidos a que um consumidor adquira e use uma lata de sopa: sua inexistência. A mera essência de um produto não pode beneficiar ninguém, se esse produto não existir. Mas isso está errado, dizem os professores. A corporação domina a dona de casa, destrói sua liberdade individual através de uma concentração excessiva de poder sobre ela, e é dever do Estado prevenir uma agressão tão brutal. As corporações devem ser submetidas ao controle do governo, é o que afirma outro integrante desse grupo, o professor Adolf Augustus Berle Jr. (1895-1971), com o apoio da Ford Foundation[11].

Mas por que a nossa dona de casa compra o produto enlatado, em vez de manter-se fiel aos métodos da mãe e da avó?

---

[10] Idem. *Ibidem.*, p. 5.
[11] BERLE Jr., Adolf Augustus. *Economic Power and the Free Society: A Preliminary Discussion of the Corporation*. New York: The Fund for the Republic, 1954.

Sem dúvida por achar que esse modo de agir é mais vantajoso para ela do que o costume tradicional. Ninguém a forçou a isso. Certas pessoas – atacadistas, publicitários, capitalistas, especuladores, operadores de bolsa de valores – tiveram a ideia de satisfazer um desejo latente de milhões de donas de casa e para isso investiram na indústria de enlatados. Da mesma forma, há outros capitalistas igualmente egoístas que, no comando de muitos milhares de outras corporações, fornecem aos consumidores muitos milhares de outros produtos. Quanto mais satisfatoriamente uma empresa serve ao público, mais clientes conquista e mais crescimento experimenta. Entrem na casa de uma família americana e vocês verão por quem funcionam as engrenagens das máquinas.

Em um país livre, ninguém é impedido de acumular riqueza fornecendo ao consumidor melhores produtos e serviços que os já existentes. Para isso, só é preciso inteligência e trabalho árduo. *"A civilização moderna, e quase todas as outras"*, afirmava Edwin Cannan (1861-1926), o último representante de uma longa linhagem de eminentes economistas britânicos, *"fundam-se na ideia de tornar as coisas mais agradáveis para quem agrade ao mercado e desagradáveis para quem não consiga agradar-lhe"*[12]. Toda essa discussão sobre a concentração do poder econômico é vazia. Quanto maior uma corporação, a mais pessoas ela serve e mais ela depende de agradar aos consumidores – a multidão, as massas. Na economia de mercado, o poder econômico está nas mãos dos consumidores.

---

[12] CANNAN, Edwin. *An Economist's Protest*. London: P. S. King, 1928. p. VI ss.

A alma do negócio capitalista não é a perseverança em um processo de produção que se desenvolveu. Bem ao contrário, é a inovação incessante, são as tentativas diariamente repetidas de aperfeiçoar o que se oferece aos consumidores, através de produtos novos, melhores e mais baratos. Qualquer estado efetivo das atividades de produção é meramente transitório. Prevalece sempre a tendência a substituir aquilo que já se alcançou por algo que sirva melhor aos consumidores. As elites se substituem continuamente. O que caracteriza os chamados senhores da indústria é a capacidade de conceber novas ideias e colocá-las em funcionamento. Por maior que seja uma empresa, ela estará condenada, a partir do momento em que não lograr renovar-se diariamente, ajustando-se assim, da melhor maneira possível, para servir aos consumidores. Mas os políticos e os reformadores enxergam apenas a estrutura industrial tal como esta existe no presente. Creem-se suficientemente espertos para tomar o controle das fábricas tal como elas são hoje e gerenciá-las atendo-se às rotinas já estabelecidas. Enquanto o novato ambicioso – que será o magnata de amanhã – já prepara planos para coisas inauditas, tudo o que eles planejam é conduzir os negócios por estradas já batidas. Não há registro de uma só inovação industrial concebida e posta em prática por burocratas. Se não quisermos cair na estagnação, devemos deixar livres as mãos daqueles homens desconhecidos de hoje que possuem inventividade suficiente para conduzir a humanidade adiante, a caminho de condições mais e mais satisfatórias. Na organização econômica de uma nação, esse é o problema principal.

A propriedade privada dos fatores materiais de produção não é uma restrição à liberdade dos outros de escolher aquilo que mais lhes convenha. Bem ao contrário, ela é o meio que garante ao homem comum, em sua condição de comprador, a supremacia em todos os assuntos econômicos. É o principal meio de estimular os indivíduos mais empreendedores de uma nação a esforçarem-se, na medida de suas capacidades, a serviço de todos.

CAPÍTULO 6

Entretanto, as vastas mudanças que o capitalismo provocou nas condições de vida do homem comum não se resumem a fatores como a supremacia de que este passou a gozar no mercado como consumidor e nos assuntos políticos como eleitor, ou o aumento de seu padrão de vida, que foi sem precedentes. Não menos importante é o fato de que o capitalismo tornou possível a esse homem economizar, acumular capital e investir. Reduziu-se o abismo que separava os proprietários de terras e os muito pobres na sociedade pré-capitalista, estratificada e organizada em castas. Em épocas passadas, o trabalhador assalariado era tão mal pago, que dificilmente conseguia guardar algo para si – e quando conseguia, eram somente algumas moedas, que tinha de guardar em segredo. No sistema capitalista, um trabalhador competente tem a oportunidade de poupar, e há instituições que lhe oferecem a possibilidade

A Poupança e os Investimentos

de investir seu dinheiro em negócios. Uma parte considerável do capital empregado nas indústrias norte-americanas vem das poupanças dos funcionários. Ao abrirem contas de poupança ou adquirirem apólices de seguro, títulos de dívida e até ações de empresas, os próprios trabalhadores assalariados e profissionais liberais podem auferir lucros e dividendos, tornando-se assim, segundo a terminologia do marxismo, exploradores. O homem comum possui interesse direto na prosperidade dos negócios, não apenas como consumidor e empregado, mas também como investidor. Observa-se uma tendência a apagar-se, em certa medida, a diferença outrora nítida entre os proprietários dos fatores de produção e os demais indivíduos. É claro, no entanto, que essa tendência só se desenvolve onde a economia de mercado não for sabotada por políticas pretensamente sociais. O Estado de bem-estar social, com seus métodos de oferta de dinheiro fácil, expansão do crédito e inflação explícita, abocanha continuamente pedaços de todos os compromissos a pagar em unidades da moeda corrente de um país. Os autonomeados defensores do homem comum ainda se guiam pela ideia obsoleta de que uma política que favorece os devedores às custas dos credores é muito benéfica para a maioria. Por serem incapazes de compreender as características essenciais da economia de mercado, tampouco enxergam o fato óbvio de que aqueles a quem pretendem ajudar são credores, quando tomados em sua função de poupadores, proprietários de apólices e detentores de títulos.

CAPÍTULO 7

O princípio distintivo da filosofia social ocidental é o individualismo. Seu desígnio é a criação de uma esfera na qual o indivíduo seja livre para pensar, escolher e agir sem sofrer a interferência do aparato social de coerção e opressão, o Estado. Todas as conquistas espirituais e materiais da Civilização Ocidental são resultado da atuação dessa ideia de liberdade.

Essa doutrina, juntamente com o projeto individualista e capitalista, bem como sua aplicação aos assuntos econômicos, não precisa de apologistas e propagandistas. Suas conquistas falam por si.

Outra vantagem do capitalismo reside, à parte outras considerações, na incomparável eficiência de seu esforço produtivo. É graças a essa eficiência que a atividade capitalista consegue sustentar uma população em rápido crescimento, proporcionando-lhe um padrão de vida

A Filosofia Individualista e o Capitalismo

cada vez melhor. A progressiva prosperidade das massas, que daí resulta, cria um ambiente social onde os indivíduos excepcionalmente talentosos são livres para oferecer a seus concidadãos tudo aquilo que forem capazes de oferecer. O sistema social baseado na propriedade privada e no Estado limitado é o único que tende a retirar da barbárie todos os indivíduos que tenham a capacidade inata para a aquisição de cultura pessoal.

Nada justifica, além disso, menosprezar as conquistas materiais do capitalismo observando-se que há coisas mais importantes para a humanidade do que carros maiores e mais velozes e casas equipadas com aquecimento central, ar condicionado, refrigeradores, máquinas de lavar e aparelhos de TV. Certamente que existem esses objetivos mais elevados e nobres. Estes o são, porém, justamente porque a aspiração de alcançá-los não pode depender de esforços externos, mas requer a determinação e o empenho pessoais do indivíduo. Aqueles que levantam essa objeção contra o capitalismo manifestam uma visão verdadeiramente grosseira e materialista, pois presumem que a cultura moral e espiritual poderia ser construída pelo governo ou pela organização das atividades produtivas. Tudo o que esses fatores externos podem lograr nesse quesito é criar um ambiente e uma fonte de renda que forneçam aos indivíduos a oportunidade de trabalhar em seu aperfeiçoamento e sua edificação pessoais. Não é culpa do capitalismo que as pessoas prefiram comprar uma caixa de fósforos a assistir a uma apresentação da tragédia *Antígona* de Sófocles (497-406 a.C.), ouvir jazz em vez de escutar as sinfonias de Ludwig van Beethoven (1770-1827), ou ler gibis em vez de poesia. Por outro lado, é certo que, enquanto as condições pré-capitalistas que ainda prevalecem na maioria esmagadora dos países do mundo tornam esses bons produtos acessíveis apenas a uma pequena minoria de pessoas, o capitalismo dá à maioria uma chance real de lutar por eles.

Por qualquer ângulo que se olhe para o capitalismo, não há razão alguma para lamentar o fim dos supostamente bons e velhos tempos. Menos justificado ainda é desejar as utopias totalitárias, sejam estas de tipo nazista ou soviético.

Abrimos, nesta noite, o nono encontro da Mont Pelerin Society. Nesta ocasião, é pertinente lembrar que encontros deste tipo, nos quais se defendem opiniões contrárias às da maioria de nossos contemporâneos e de seus governos, são possíveis somente em um ambiente de liberdade e de livre escolha, que é a mais preciosa marca da civilização ocidental. Esperemos, então, que esse direito de discordar jamais desapareça.

Parte II
ENSAIOS SOBRE O PODER DAS IDEIAS

ENSAIO I

I - Pensamento e Conduta

Os historiadores de antigamente lidavam quase exclusivamente com os atos e façanhas dos reis e guerreiros. Prestavam pouca ou nenhuma atenção ao funcionamento lento das mudanças nas condições sociais e econômicas. Não se preocupavam com as modificações das doutrinas, credos e mentalidades. Mesmo um evento sem paralelos tal como a expansão da Cristandade dificilmente era mencionado pelos historiadores dos primeiros dois séculos.

* O texto foi escrito entre 1949 e 1950, contudo, permaneceu inédito até o lançamento póstumo como: MISES, Ludwig von. "The Role of Doctrines in Human History". In: *Money, Method, and the Market Process: Essays by Ludwig von Mises*. Seleção e pref. Margit von Mises; Ed. e intr. Richard M. Ebeling. Auburn / Norwell: Ludwig von Mises Institute / Kluwer Academic Publishers, 1990. p. 289-302.

O Papel das Doutrinas na História Humana*

Ludwig von Mises

Há aproximadamente cento e vinte anos, uma nova abordagem para a história teve início. A história cultural estuda o desenvolvimento das instituições sociais, políticas e econômicas, as mudanças nas técnicas e nos métodos de produção, as alterações do modo de vida e a transformação dos hábitos e costumes. Esses estudos devem levar à descoberta do papel dominante desempenhado pelas ideias em guiarem o comportamento humano. Tudo o que o homem faz resulta das teorias, doutrinas, credos e mentalidades que governam suas mentes. Nada é real e material na história humana além da mente. Os problemas essenciais da pesquisa histórica são as modificações dos sistemas de pensamento que governam o espírito humano. Hábitos e instituições são o produto da razão.

Como um animal, o homem precisa se ajustar às condições naturais da terra ou da porção da terra em que vive. Entretanto, esse ajuste é um trabalho do cérebro. A interpretação geográfica da história fracassou em reconhecer esse ponto decisivo. O ambiente funciona apenas por intermédio da mente humana. No mesmo terreno em que os colonos brancos desenvolveram a civilização norte-americana moderna, os ameríndios não tiveram sucesso em sequer inventar rodas e carruagens. As condições naturais que fazem do esqui um meio de deslocamento muito útil para viajar estavam presentes tanto na Escandinávia quanto nos Alpes. Entretanto, os escandinavos inventaram os esquis, ao passo que os habitantes dos Alpes não o fizeram. Durante centenas, e não milhares de anos, esses camponeses ficavam presos em suas cabanas montanhesas durante os longos meses do inverno e olhavam com cobiça para as vilas inacessíveis situadas nos vales e para as propriedades inacessíveis de seus companheiros fazendeiros. Este desejo, no entanto, não ativou a inventividade. Quando, há aproximadamente quarenta ou cinquenta anos as pessoas da cidade importaram o esqui como um esporte para as montanhas, os nativos caçoaram do que mais lhes parecia ser um brinquedo engraçado. Somente bem mais tarde aprenderam o quanto esses "brinquedos" lhes poderiam ser úteis.

Não mais conducente do que essa teoria do ambiente natural é a teoria do ambiente geral, tal como desenvolvida por diversos sociólogos do século XIX. Todo homem é influenciado pelas condições sociais e culturais do meio no qual tem de viver e trabalhar. Entretanto, essas instituições e condições já são, elas mesmas, o produto das doutrinas dominantes da conduta das gerações anteriores. Elas mesmas têm de ser explicadas, apelar a elas não substitui uma explicação. Hippolyte Adolphe Taine (1828-1893) estava certo quando, ao lidar com a história da arte, referiu-se ao meio em que artistas e poetas realizaram seus trabalhos. Mas a história geral precisa ir além; não tem de concordar em considerar as condições do ambiente como dados que não podem ser traçados mais para trás.

Não pretendemos negar que a mente humana é influenciada pelas condições sob as quais o homem vive. Ao dizer que precisamos considerar os pensamentos humanos como a fonte derradeira da conduta humana não desejamos defender que a mente é algo indivisível ou algo final, para além da qual nada mais existe, ou então é algo que não está sujeito às limitações do universo material. Não precisamos lidar com problemas metafísicos. Simplesmente temos de levar em conta o fato de que o estado atual do conhecimento não nos permite perceber como o homem interior reage às coisas externas. Homens distintos e o mesmo homem em épocas diferentes respondem de modo diverso aos mesmos estímulos. Por que algumas pessoas dobram os joelhos diante dos ídolos enquanto outros preferem morrer em vez de cometer um ato de idolatria? Por que Henrique IV (1553-1610) mudou de fé para obter o domínio da França ao passo que seu descendente Henrique D'Artois (1820-1883), o Conde de Chambord, se recusou a abandonar a bandeira branca com a flor-de-lis em prol da bandeira tricolor, embora soubesse que assim perderia a coroa da França? Não há outra resposta possível para tais questões além das referências às ideias que controlam a conduta humana.

As diferentes leituras da interpretação marxista e materialista da história bastante popular estão fundamentalmente erradas. Tanto o estado da tecnologia quanto as das forças produtivas são resultado, mais propriamente, do funcionamento da razão do que um fator determinante do estado da mente. Nos movemos meramente em círculos quando tentamos explicar o pensamento por intermédio de algo que, em si, resulta de ideias humanas. A verdade óbvia de que o homem precisa se ajustar às condições naturais do mundo em que vive não basta para justificar a metafísica materialista ingênua e crua de Karl Marx (1818-1883). Este ajuste é efetivado pelo pensamento. Por que os negros da África não descobriram meios para combater os germes que ameaçam suas vidas e sua saúde, e por que os pesquisadores europeus descobriram métodos eficientes para lutar contra essas doenças? Nenhum materialismo pode responder de forma satisfatória a essas questões.

II - O Papel Social das Doutrinas

A ciência não nos pode proporcionar uma explicação completa de tudo. Cada ramo do conhecimento precisa parar em alguns fatos dados – ao menos no tempo presente e talvez para sempre – que precisa considerar como os fundamentos últimos para além dos quais não pode prosseguir. Esses fatos últimos são simplesmente dados à nossa experiência, não podem ser rastreados para outros fatos ou forças anteriores, são inexplicáveis. Podemos chamá-los de nomes tais como *eletricidade* ou *vida*, mas temos que confessar que não sabemos o que são a *eletricidade* ou a *vida*, ao passo em que sabemos o que são a *água* ou o *trovão*.

A individualidade é um desses dados últimos para a história. Cada investigação histórica alcança, mais cedo ou mais tarde, um ponto a partir do qual não pode explicar fatos sem levar em conta a individualidade. Estamos totalmente cientes do fato de que cada indivíduo é, em qualquer momento dado, produto de seu passado. No seu nascimento, traz ao mundo como qualidades inatas o precipitado da história de todos os ancestrais, odestino e as vicissitudes da vida. Chamamos a isso de herança biológica ou características raciais. Em seu tempo de vida, o indivíduo é constantemente influenciado pelo ambiente, tanto pelo entorno natural quanto pelo meio social. Entretanto, não podemos explicar como todos esses fatores agem sobre o pensamento. Sempre há algo que temos de deixar de fora e que não podemos prosseguir analisando. Não podemos explicar por que René Descartes (1596-1650) se tornou um grande filósofo e Al Capone (1899-1947) virou um gângster. Nossa última palavra é: individualidade. *Individum est ineffabile.*

Ao lidar com as doutrinas, origem, desenvolvimento, implicações lógicas e funcionamento na sociedade não desejamos defender que são fatos últimos. Doutrinas não têm vida própria, são produtos do pensamento humano. São apenas uma parte do universo e podemos supor que nada em sua história justifica considerá-las como isentas das leis da causalidade. Temos, contudo, de perceber que não sabemos nada, simplesmente nada, a respeito da maneira pela qual o homem cria ou produz ideias e mentalidades. Só nesse sentido estamos autorizados a chamar as doutrinas de fatos últimos.

Podemos pressupor que há doutrinas cujas aplicações favoreçam o homem na luta pela sobrevivência e outras doutrinas que são prejudiciais. Há doutrinas que contribuem para a cooperação social e há ideias destrutivas que resultam na desintegração da sociedade. Todavia, nada nos dá o direito de acreditar que as doutrinas destrutivas necessariamente devem perder prestígio porque as consequências são perniciosas. A razão tem uma função biológica a satisfazer; é a principal ferramenta do homem em seu ajuste às condições naturais da vida. Mas seria um erro acreditar que um ser vivo sempre deve ter sucesso na luta pela sobrevivência. Houve espécies de plantas e animais que desapareceram porque fracassaram nos esforços de adaptação. Houve raças e nações que morreram, houve sociedades e civilizações que se desintegraram. A natureza não evita que o homem pense ideias que são prejudiciais e que construa doutrinas daninhas. O fato de uma doutrina ter sido desenvolvida e de ter obtido sucesso para conseguir muitos adeptos não é prova de que não é destrutiva. Uma doutrina pode ser moderna, de bom gosto, geralmente aceita e, mesmo assim, prejudicial para a sociedade humana, para a civilização e para a sobrevivência.

III - Experiência e Doutrinas Sociais

No campo das ciências naturais, especialmente na Física, temos a oportunidade de aplicar o método experimental. O cientista isola no laboratório as diversas condições de mudança e observa sua ação. Cada afirmação pode ser verificada ou refutada pelo resultado dos experimentos.

No campo das ciências da conduta humana não podemos recorrer ao método experimental e não podemos fazer experimentos. Cada experiência é a experiência de uma complexidade de fenômenos. Nunca desfrutamos da vantagem de observar o funcionamento de apenas um fato, mantendo todo o resto constante. A experiência, portanto, nunca pode verificar ou refutar nossas afirmações e teorias a respeito dos problemas sociais.

É fato inegável que nenhuma nação atingiu um estágio mais elevado de civilização sem a propriedade privada dos meios de produção. Entretanto, ninguém se encontra preparado para sustentar a afirmação de que a experiência demonstrou que a propriedade privada é um requisito necessário e indispensável para a civilização. A experiência social e econômica não nos ensina nada. Os fatos precisam ser comentados por nossas teorias, estão abertos a diferentes explicações e conclusões. Cada discussão a respeito do significado dos fatos históricos recai rapidamente em um exame das teorias *a priori* e as escrutina sem qualquer referência à experiência. Essas teorias têm precedência lógica, são anteriores à experiência histórica e obtemos o significado dessa experiência somente com tal auxílio.

Essas teorias e doutrinas, sejam corretas ou não, sejam adequadas ou prejudiciais à sobrevivência, não somente orientam a conduta humana, mas são ao mesmo tempo a ferramenta mental que nos auxilia a perceber seufuncionamento na história. Não podemos observar os fatos sociais a não ser sob a luz das teorias e das doutrinas. O mesmo complexo de acontecimentos proporciona aspectos diferentes segundo o ponto de vista a partir do qual o observador o vê.

Algumas opiniões, muito em moda, têm julgado esses objetivos de maneira bastante equivocada. O positivismo, o empirismo e o historicismo acreditavam que os fatos sociais poderiam ser estabelecidos da mesma maneira como a Física determina os fatos físicos – não temos de examinar o conteúdo das últimas descobertas que nos permitem antever que também os físicos terão de admitir que o resultado de uma observação difere de acordo com as diversas maneiras pelas quais o observador as realiza. Parece ser muito cedo para chegar a conclusões a partir das contribuições de Louis de Broglie (1892-1987), Werner Heisenberg (1901-1976) e outros cientistas contemporâneos. Consideram fatos como algo independente das ideias do observador e a experiência social como algo logica e temporariamente antecedente às teorias. Não percebem que o ato pelo qual nos posicionamos fora do fluxo de ocorrência dos acontecimentos e os consideramos como fatos definidos é necessariamente guiado por nossa percepção teórica ou, como algumas pessoas preferem dizer, por nossos preconceitos doutrinários. Por que consideramos a balança de pagamentos dos Estados Unidos como um fato e por que não prestamos nenhuma atenção à balança de pagamentos do estado de Maryland, da cidade de Boston, no estado de Massachusetts, ou do distrito de Manhattan, na cidade de Nova York? Por que, ao lidar com os problemas da moeda da Alemanha, consideramos o estado da balança de pagamentos desse país? Porque a investigação do economista que procede dessa maneira é orientada por uma teoria monetária muito bem definida (e, como devo observar, equivocada). Os estatísticos estão errados quando acreditam que seus estudos consistem puramente em fatos. O estatístico tenta descobrir as correlações existentes entre diferentes séries de números, quando seu raciocínio teórico faz com que pressuponha que existe entre eles uma relação causal. Na ausência de tais pressupostos teóricos, não presta atenção alguma às correlações óbvias, ao passo que é rápido em demonstrar que existe uma correlação quando sua teoria preconcebida postula tal correlação. William Stanley Jevons (1835-1882) acreditava ter obtido sucesso em demonstrar uma correlação entre as crises econômicas e as "manchas solares"[1]. Por outro lado, nenhum estatístico jamais prestou qualquer atenção à

---

[1] No linguajar técnico dos economistas contemporâneos influenciados pela chamada Teoria do Equilíbrio Geral, a noção de "manchas solares" (*Sunspots*) se refere, usualmente, à uma variável aleatória extrínseca ou à incerteza extrínseca, ambas tomadas como fatores que não afetam diretamente os fundamentos da teoria econômica. A origem do termo se deve a um trabalho de econometria, lançado originalmente em 1875, por William Stanley Jevons, no qual procurou investigar a relação entre a quantidade e a duração de manchas no Sol e o preço do milho na Inglaterra entre 1259 e 1400. Respectivamente, nos anos de 1878 e de 1879, o economista britânico publicou em duas partes um outro ensaio de econometria discutindo o nexo entre o fenômeno astronômico das manchas solares e as crises economicas. Os ensaios em questão foram reimpressos na seguinte forma: JEVONS, William Stanley. "The Solar Period and the Price of Corn (1875)". In: *Investigations in Currency and Finance*. London: Macmillan, 1909. Chapter VI, p. 194-205; Idem. "Commercial Crises and Sunspots Part I (1878)". In: *Investigations in Currency and Finance. Op. cit.*, Chapter VII, p. 221-34; Idem. "Commercial Crises and Sunspots Part II (1879)". In: *Investigations in Currency and Finance. Op. cit.*, Chapter VII, p. 235-43. (N. E.)

descoberta de uma correlação entre o número de cegonhas e as mudanças na natalidade.

Na vida e na realidade todas as coisas estão conectadas a todas as outras coisas. A história é um fluxo contínuo de eventos entremeados em uma estrutura uniforme. A limitação de nossas capacidades mentais evita que possamos compreendê-la como um todo por um ato de percepção. Precisamos analisá-los passo a passo, começando pelo isolamento das pequenas coisas e procedendo gradativamente ao estudo dos problemas mais complicados. O ato pelo qual separamos algumas mudanças da totalidade do contexto do fluxo da vida e os consideramos como fatos não é função da realidade. Resulta do trabalho de nossa mente. No campo das ciências sociais não existe isso de fatos puros. O que concebemos como fato é sempre o resultado da maneira como olhamos para o mundo. Um intelecto super-humano perfeito veria as mesmas coisas de maneira diferente. Nós, no século XX, olhamos para as mesmas coisas de modo distinto de Platão (427-347 a.C.), Santo Tomás de Aquino (1225-1274) ou René Descartes. Nossos fatos são diferentes de seus fatos, e os fatos do homem que viverá daqui a cem anos serão, novamente, diversos.

Um fato social é uma porção da realidade percebida pelo intelecto humano. O que constitui um fato não é somente a realidade, mas também a mente do observador.

Um número ou série de números isolados não significam nada. Tampouco qualquer fato isolado, tal como, Marco Júnio Bruto (85-42 a.C.) assassinou Júlio César (100-44 a.C.). Isso não significa nada. Reunir afirmações sobre fatos isolados não aprofunda nosso entendimento e não substitui teorias e filosofias. No entanto, cada tentativa para combinar fatos distintos – seja pelo estabelecimento de correlações ou por outros métodos – resulta das teorias e das doutrinas. No contexto de diferentes doutrinas, acontecimentos idênticos recebem significado distinto. A mesma experiência, os mesmos fatos são vistos de maneira totalmente diferente por pessoas que não concordam com as teorias. A experiência do bolshevismo russo não é a mesma para liberais (no sentido antigo do termo) e para socialistas, livres pensadores, católicos, nazistas, nacionalistas eslavos, economistas e patronos da mídia. O mesmo vale para o *New Deal* norte-americano, para o colapso econômico da França na década de 1930, para o Tratado de Versalhes e para todos os demais fatos históricos. Obviamente, cada partido se encontra firmemente convencido de que somente a própria interpretação é correta e adequada aos fatos e que todas as demais opiniões estão radicalmente equivocadas e enviesadas por teorias falsas. Mas o conflito de doutrinas não pode ser resolvido ao silenciar todos aqueles que apresentam ideias diferentes. Um partido que é bem-sucedido ao fazer de sua opinião a única legal e que consegue pôr todas as demais opiniões fora da legalidade não modifica o teor característico de seu credo. Uma doutrina permanece uma doutrina mesmo quando é geralmente aceita e não controversa. Pode estar errada mesmo quando nenhum contemporâneo a contesta.

Para ampliar nosso conhecimento no campo da conduta humana, precisamos estudar, por um lado, os problemas da teoria praxiológica e econômica e, por outro lado, a história. O estudo da história, contudo, deve se concentrar em torno do estudo do desenvolvimento das ideias e doutrinas. O primeiro passo de cada tentativa de investigar as mudanças sociais, políticas e econômicas deve ser o estudo das mudanças das ideias que orientaram os homens a produzirem tais mudanças.

IV - Doutrinas e Problemas Políticos

Os problemas que os políticos têm de enfrentar não são estabelecidos pela natureza e por condições naturais, mas sim pelo estado das convicções doutrinárias.

Nos séculos XVI e XVII havia um problema religioso para o qual nenhuma solução satisfatória parecia possível. Naqueles dias, as pessoas não conseguiam aceitar a ideia de que homens de denominações distintas pudessem viver pacificamente juntos no mesmo país. Rios de sangue foram derramados, países prósperos foram destruídos, civilizações foram devastadas por guerras e pela instituição da uniformidade religiosa. Hoje, não vemos problema algum com relação a essa questão. Na Grã-Bretanha, nos Estados Unidos e em muitos outros países, católicos e protestantes de várias denominações cooperam e colaboram sem quaisquer escrúpulos. O problema foi resolvido, desapareceu com a mudança das doutrinas referentes à tarefa do governo civil.

Por outro lado, agora temos outro problema a enfrentar, o problema da coexistência dos vários grupos linguísticos em um mesmo território. Não era um problema há cem anos e não é um problema ameaçador nos Estados Unidos, mas ainda é uma terrível ameaça na Europa Central e na Europa

Oriental. Para os norte-americanos ainda é difícil admitir que seja um problema, pois não estão familiarizados com as doutrinas que fazem disso um problema.

Seria inapropriado dizer que as grandes questões políticas que causam conflitos, guerras e revoluções são problemas apenas *aparentes* e esclarecê-las. Não são menos reais e genuínas do que qualquer outro problema da conduta humana. São o resultado de toda uma estrutura de ideias e raciocínios que orientam a política dos dias de hoje. Realmente existem no ambiente social que é determinado por essas doutrinas. Não podem ser resolvidos por uma receita simples. Poderão desvanecer-se algum dia, com a evanescência da totalidade da estrutura das ideias que os criaram.

Temos de separar os problemas tecnológicos dos políticos. A adaptação do homem às condições naturais da vida é o resultado desse estudo da natureza. As ciências naturais podem ser consideradas por teólogos e metafísicos como meios inadequados para resolver os desafios do mundo e para responder às questões fundamentais do ser. Entretanto, ninguém pode negar que obtiveram sucesso em melhorar as condições externas da vida humana. Sobre a superfície da terra, vivem hoje muito mais pessoas do que há algumas centenas ou milhares de anos e cada cidadão ou país civilizado desfruta de muito mais conforto do que as gerações precedentes, o que prova a utilidade da ciência. Cada cirurgia bem-sucedida contradiz o ceticismo de impertinentes sofisticados.

Entretanto, a pesquisa científica e suas aplicações na luta pela vida humana só podem ser realizadas na sociedade, isto é, em um mundo que homens cooperam por meio da divisão do trabalho. A cooperação social é produto da razão e da mente. Pode ser considerada como um presente de Deus ou como fenômeno natural somente à medida que nos apercebemos de que o poder de raciocínio é um equipamento natural do homem. Por intermédio do uso adequado de suas faculdades, o homem criou tanto a tecnologia quanto a sociedade. O progresso das ciências naturais e das ciências sociais, o desenvolvimento das habilidades técnicas e da cooperação social estão estreitamente unidos. Ambos resultam da mente.

Não precisamos enfrentar o assunto de que há problemas que as ciências naturais não podem resolver. Uma vez que o método experimental do laboratório funciona, as ciências naturais chegam a resultados que podem ser considerados como fatos indiscutíveis. A ciência natural avança por tentativas e erros. Que os experimentos desenhados no laboratório apresentem os resultados esperados e que as máquinas funcionem da maneira como desejamos nos permitem verificar o corpo de nossas percepções físicas, acima dedúvida alguma.

Entretanto, no campo das ciências sociais, não desfrutamos da vantagem do método experimental. Precisamos repetir esse fato muitas vezes, pois esse peso enorme dificilmente pode ser subestimado e é totalmente negligenciado pela epistemologia e pela economia atuais. As teorias que constroem ou que desintegram a cooperação social só podem ser demonstradas ou refutadas pela razão pura. Não podem ser expostas por experimentos ao simples exame.

Isso explica cabalmente por que o conflito de doutrinas sociais parece se encontrar em um estado tão precário. Quando Antoine Laurent de Lavoisier (1743-1794) substituiu a Teoria do Flogisto² de Georg Ernst Stahl (1659-1734) por uma hipótese mais satisfatória, primeiramente enfrentou oposição obstinada por parte dos adeptos da visão antiga. Entretanto, a resistência desapareceu de maneira rápida e os experimentos no laboratório e a aplicação da nova teoria a práticas tecnológicas colocaram, para sempre, fim à controvérsia. Nenhum teste semelhante pode ser realizado em favor dos grandes avanços econômicos de David Hume (1711-1776), de David Ricardo (1772-1823) e de Carl Menger (1840-1921). Precisam submeter-se ao escrutínio do raciocínio abstrato.

Então, temos uma segunda diferença importante. No arcabouço de uma sociedade capitalista, em que há propriedade privada dos meios de produção, uma nova ideia pode ser posta em prática em um campo limitado e com recursos escassos. Assim, homens como Robert Fulton (1765-1815)³ e Alexander Graham Bell (1847-1922)⁴ poderiam obter sucesso com a realização de planos que provocariam risadas na maioria de seus contemporâneos. As mudanças sociais, todavia, precisam ser realizadas por medidas que exigem o apoio da maio-

---

² Teoria química de acordo com a qual todos os materiais combustíveis possuiriam um elemento, denominado flogisto, que seria liberado ao ar durante os processos de combustão ou de calcinação. (N. E.)

³ Engenheiro norte-americano reconhecido pelo desenvolvimento, em 1807, do primeiro barco a vapor comercialmente bem-sucedido, bem como por ter projetado e construído, em 1800, a pedido de Napoleão Bonaparte (1769-1821) o primeiro submarino funcional e pela invenção dos torpedos navais, em 1804, para a Marinha Britânica. (N. E.)

⁴ Inventor escocês, naturalizado norte-americano, que registrou, em 1776, a primeira patente do telefone, além de ter desenvolvido inúmeras pesquisas para o desenvolvimento de aerobarcos, de aeronaves e de telecomunicações ópticas. (N. E.)

ria. Um comerciante livre não pode realizar livre comércio com o apoio de uns poucos amigos, a paz não pode ser estabelecida por um pequeno grupo isolado de amantes da paz. Para que as doutrinas sociais funcionem, é necessário contar com o apoio da opinião pública. Aqueles milhões e milhões de pessoas que viajam pelas estradas de ferro e acompanham as notícias sem qualquer ideia de como as ferrovias são construídas e operadas, e de como o rádio funciona, precisam lidar com os problemas incomparavelmente mais difíceis de cooperação social, para que a sociedade possa operar satisfatoriamente. Assim, o grande volume de pessoas incultas, as massas que não gostam de pensar e refletir, as pessoas inertes que são lentas para compreender novas ideias complexas, têm de decidir. As convicções doutrinárias dessas pessoas, por mais brutas e ingênuas que possam ser, preparam o curso dos acontecimentos. O estado da sociedade não é o resultado dessas teorias que têm o apoio do pequeno grupo de espíritos avançados, mas sim o resultado das doutrinas que as massas de leigos tomam como certas.

Em geral, é aceito que o conflito de doutrinas sociais se deve ao embate de grupos de interesses. Se essa teoria estivesse certa, a causa da cooperação humana não teria esperanças. Se a unanimidade não pudesse ser atingida porque os interesses corretamente concebidos dos indivíduos se contrapõem ou porque os interesses da sociedade antagonizam com os interesses dos indivíduos, então nenhuma paz durável nem cooperação amistosa entre os homens jamais poderia ser alcançada. Assim, o estado atual da civilização, que postula a paz, não pode ser mantido e a humanidade está condenada. Logo, os nazistas estariam corretos ao considerarem a guerra como o único caráter normal, natural e desejável do intercurso humano; e os bolcheviques estariam certos em não argumentar com os adversários, mas sim em exterminá-los. A Civilização Ocidental nada seria senão uma vergonhosa mentira e, suas conquistas, conforme afirmou Werner Sombart (1863-1941), obra do demônio.

O que precisamos perceber é que os problemas sociais resultam do estado das doutrinas sociais. O que deve ser considerado é se um estado de organização social pode ser concebido e poderia ser considerado satisfatório a partir dos – corretamente compreendidos – interesses de cada indivíduo. Se a resposta para essa questão precisar ser negativa, então testemunhamos, nos conflitos do presente, o prelúdio para a desintegração inevitável da sociedade. Se, por outro lado, a resposta for afirmativa, temos de investigar qual é o estado mental que leva a conflitos em um mundo em que resultado diverso seria, ao menos concebível.

Em todo caso, os conflitos resultam de doutrinas. Mesmo aqueles que acreditam que os conflitos são o resultado inevitável de um antagonismo real e necessário de interesses não negam que esses antagonismos reais precisam ser percebidos pela razão para poder orientar as ações dos homens. Os homens podem agir somente no próprio interesse quando conhecem quais são esses interesses e o que precisa ser feito para promovê-los. Tanto marxistas quanto nacionalistas concordam que poderia prevalecer e prevaleceu um estado mental, no qual as classes, nações e indivíduos se equivocam a respeito dos interesses genuínos e se aferram a doutrinas prejudiciais para o próprio bem-estar. A despeito das repetidas afirmações de que seria por algum processo místico que os grandes homens admiráveis criam as ideias certas, cuja descoberta lhes são atribuídas, eles reconhecem que algumas pessoas concebem para si ideias inadequadas e acreditam que a propaganda é necessária para incutir nas pessoas as doutrinas adequadas à existência. Assim, também admitem que doutrinas, e não o mero estado de coisas, engendram conflitos.

Há outra falácia difundida segundo a qual os homens são, devido a características inatas ou por causa do ambiente, predispostos a uma *Weltanschauung* (visão de mundo) ou a uma filosofia particular. Homens de filosofias diferentes discordam a respeito de tudo; as opiniões nunca se podem harmonizar, nenhuma conformidade pode ser atingida. Isso também, caso fosse verdade, tornaria a sociedade e a cooperação social impossíveis. Entretanto, isso não é verdadeiro. Todos os homens, a despeito das linhas partidárias que os dividem, desejam as mesmas coisas neste mundo. Querem proteger as próprias vidas e as vidas dos semelhantes contra o dano e desejam aumentar o bem-estar material. Lutam entre si não porque desejam atingir objetivos diferentes, mas, pelo contrário, porque – lutando pelos mesmos fins – admitem que a satisfação que o outro alcança pode prejudicar o próprio aprimoramento. Já houve ascetas que, de maneira honesta e plena, renunciaram a toda ambição mundana e se contentaram em viver a vida tal como peixes na água. Não temos de lidar com esses casos, porque tais santos raros certamente não são responsáveis pelas lutas por mais alimentos e mais luxos. Quando as pessoas discordam a respeito das doutrinas sociais, não discordam sobre a *Weltanschauung*, discordam sobre os métodos para obter mais riqueza e mais prazer. Todos os partidos políticos que agem nesse estágio da história prometem, aos seguidores, uma vida melhor na Terra. Justificam os sacrifícios que solicitam aos partidários como meios necessários para a aquisição de mais riqueza. Declaram esses sacrifícios como tão-somente temporários, como investimentos que produzirão lucros múltiplos. O conflito de doutrinas é uma discussão sobre meios e não sobre fins últimos.

Conflitos políticos resultam de doutrinas que sustentam como único caminho para a felicidade infligir danos a outras pessoas ou ameaçá-las com violência. A paz, por outro lado, pode ser alcançada somente pela convicção de que a cooperação pacífica proporciona mais satisfação do que a luta de uns contra os outros. Os nazistas empreenderam o caminho da conquista porque suas doutrinas ensinavam que a vitória na guerra seria indispensável para a felicidade. A população dos cinquenta estados norte-americanos vive pacificamente em grupo porque suas doutrinas lhes ensinam que a cooperação pacífica atende melhor aos objetivos do que o conflito. Quando uma vez, há aproximadamente cem anos, uma doutrina diferente ocupou as mentes dos norte-americanos, o resultado foi a Guerra de Secessão, travada entre 1861 e 1865.

Assim, o principal assunto da pesquisa histórica precisa ser o estudo das doutrinas sociais, políticas e econômicas. O que as pessoas fazem quando criam leis e constituições, quando organizam partidos políticos e exércitos, quando assinam ou rompem tratados, quando vivem em paz ou promovem guerras ou revoluções, tudo isso é aplicação dessas doutrinas. Nascemos em um mundo moldado por doutrinas e vivemos em um ambiente que se modifica constantemente porobra das doutrinas mutantes. O destino de cada homem é determinado pelo funcionamento dessas doutrinas. Semeamos, porém, o resultado da labuta e dos esforços não depende apenas dos atos de Deus; não é somenos importante, para a colheita, a conduta das outras pessoas, orientada por doutrinas.

V - A Conveniência das Doutrinas

Não é tarefa da investigação científica julgar as diversas doutrinas a partir do ponto de vista das convicções preconcebidas ou das preferências pessoais. Não temos o direito de medir as ideias das outras pessoas pelo padrão da nossa moralidade. Precisamos eliminar do raciocínio a consideração dos fins e dos valores últimos. Não é tarefa da ciência dizer às pessoas o que deveriam tentar alcançar como bem principal.

Há somente um padrão que precisamos aplicar quando lidamos com doutrinas. Temos de perguntar se sua aplicação prática terá sucesso para atingir os fins que as pessoas desejam. Temos de examinar a adequação das doutrinas a partir do ponto de vista dos que as aplicam para atingir alguns objetivos específicos. Precisamos perguntar se são adequadas para o propósito a que têm de servir.

Não acreditamos que existam homens que adotam o princípio *fiat iustitia pereat mundus* em seu significado literal[5]. O

---

[5] Sentença latina *"fiat iustitia pereat mundus"* (que o mundo pereça, mas faça-se a justiça), atribuída a Caio Cássio Longino (85-42 a.C.), um senador romano que,

que realmente desejam dizer é: *fiat iustitia ne pereat mundus*. Não desejam destruir a sociedade pela justiça. Ao contrário, desejam protegê-la da destruição. No entanto, se existissem pessoas que tomassem como objetivo último de seus esforços a destruição da civilização para reduzir a humanidade ao *status* dos homens de Neanderthal, não poderíamos deixar de atribuir às doutrinas o padrão de fim último. Poderíamos acrescentar: nós e a grande maioria de nossos companheiros não compartilham dessa loucura, não desejamos a destruição, mas sim o avanço da civilização e estamos preparados para defender a civilização contra os ataques dos adversários.

Há, ainda, um segundo ponto de vista a partir do qual julgar uma doutrina. Podemos perguntar se é logicamente coerente ou autocontraditório. Trata-se, contudo, de uma estimativa meramente secundária e precisa estar subordinada ao padrão de conveniência mencionado acima. Uma doutrina contraditória está errada somente porque sua aplicação não alcançará os fins pretendidos.

Seria um equívoco chamar esse método de doutrinas de pragmático. Não estamos preocupados com a questão da

---

juntamente com o seu cunhado Marco Júnio Bruto (85-42 a.C.), foi o principal agente da conspiração que assassinou Júlio César (100-44 a.C.). A máxima foi adotada como lema pelo imperador Fernando I (1503-1564) do Sacro Império Romano-Germânico, sendo, também, utilizada por Martinho Lutero (1483-1546) em seu comentário ao *Salmo 110*, que a reformulou como *"Fiat iustitia et ruat caelum"* (Faça-se justiça mesmo que o céu desabe). A expressão foi citada por Georg Wilhelm Friedrich Hegel (1770-1831), na obra *Grundlinien der Philosophie des Rechts* [*Princípios da Filosofia do Direito*], de 1820, que corrige a fórmula a transformando em *"fiat iustitia ne pereat mundus"* (faça-se justiça para que o mundo não pereça), tal como citada, também, por Ludwig von Mises. (N. E.)

verdade. Precisamos considerar doutrinas, isto é, receitas para a ação e, para estas, nenhum outro padrão pode ser aplicado além do critério de funcionarem como receitas ou não.

Não seria mais correto apresentar nosso ponto de vista como utilitarista. O utilitarismo rejeitou todos os padrões de uma lei moral heterônoma, que precisa ser aceita e obedecida a despeito das consequências que dela decorrem. Para o ponto de vista utilitarista, um ato é crime porque os resultados são prejudiciais à sociedade e não porque algumas pessoas acreditam que ouvem, dentro da alma, uma voz mística que lhes diz ser crime. Não falamos a respeito de problemas éticos.

O único ponto que temos de enfatizar é que a não aplicação dos meios apropriados não atingirão os fins que desejam alcançar.

VI - Doutrinas Esotéricas e Crenças Populares

Quaisquer tentativas de estudar a conduta humana e as mudanças históricas têm de considerar amplamente o fato da desigualdade intelectual dos homens. Entre os filósofos e acadêmicos que criam novas ideias e constroem sistemas de pensamento elaborados, e os parvos de mente estreita cujo intelecto pobre não é capaz de compreender nada além das coisas mais simples, há muitas transições graduais. Não sabemos o que causa essas diferenças nas habilidades intelectuais; precisamos simplesmente reconhecer que existem. Não é permitido nos livrarmos delas explicando-as como algo que emana das diferenças no ambiente, experiências pessoais e educação.

Não pode haver dúvidas de que, na raiz de tudo isso, temos a heterogeneidade inata dos indivíduos.

Somente uma pequena elite possui a capacidade de absorver cadeias de pensamento mais refinadas. A maior parte das pessoas ficam simplesmente impotentes quando se deparam com os problemas mais sutis da implicação ou da inferência válida. Não conseguem dar conta de nada além das proposições primárias do cálculo; para elas, o caminho para a Matemática se encontra bloqueado. É inútil tentar familiarizá-las com os problemas difíceis e com as teorias elaboradas para solucioná-los. Simplificam e remendam de maneira desajeitada o que ouvem ou leem. Deturpam e representam de maneira equivocada as proposições e conclusões. Transformam toda teoria e doutrina para que se adapte ao próprio nível de inteligência.

O catolicismo apresenta um significado diferente para o cardeal John Henry Newman (1801-1890) e para as massas de crédulos. A teoria darwinista da evolução é algo mais do que sua versão popular que descreve o homem como descendente dos macacos. A psicanálise freudiana não é a mesma coisa que o pansexualismo, sua versão para os milhões. O mesmo dualismo pode ser afirmado a respeito de todas as doutrinas sociais, econômicas e políticas. Todas as doutrinas são ensinadas e aceitas ao menos em duas variedades diferentes, para não dizer conflitantes. Um golfo intransponível separa o ensino esotérico do exotérico.

Como o estudo das doutrinas não é um objetivo em si mesmo, não pode prestar menos atenção às doutrinas populares do que às doutrinas dos autores filosóficos e seus livros.

Obviamente, as doutrinas populares derivam das teorias logicamente elaboradas e refinadas dos acadêmicos e cientistas. São secundárias, não primárias. No entanto, uma vez que a aplicação das doutrinas sociais requer o suporte da opinião pública e, dado que a opinião pública em geral tende em direção à versão popular de uma doutrina, o estudo da última não é menos importante que o estudo da concepção perfeita. Para a história, um ditado popular pode, às vezes, conferir mais informação do que as ideias formuladas pelos estudiosos. Há crenças populares e geralmente aceitas que são tão contraditórias e tão ostensivamente indefensáveis que nenhum pensador sério ousaria representá-las sistematicamente. Entretanto, se tal crença provoca ação, para a pesquisa histórica isso não é menos importante do que qualquer outra doutrina aplicada na prática. A história não precisa limitar-se aos seus interesses, às doutrinas corretas, ou às doutrinas nitidamente expostas nos escritos acadêmicos; precisa estudar todas as doutrinas que determinam a ação humana.

ENSAIO II

I

A história da civilização é o registro de uma luta incessante pela liberdade.

A cooperação social sob divisão do trabalho é a última e única fonte do sucesso do homem na luta pela sobrevivência e nos esforços para melhorar o tanto quanto possível as condições materiais de seu bem-estar.

---

* O ensaio foi publicado originalmente na forma do seguinte artigo: MISES, Ludwig von. "The Idea of Liberty is Western". *American Affairs*, Volume XII, Number 4 (October 1950): 207-11. Uma versão do texto com pequenas modificações foi utilizada nas seções IV (O "Preconceito Burguês" de Liberdade) e V (A Liberdade e a Civilização Ocidental) do quarto capítulo (As Objeções Não Econômicas ao Capitalismo) do livro *The Anti-capitalist Mentality* [*A Mentalidade Anticapitalista*], publicado originalmente em inglês no ano de 1956, e disponível em língua portuguesa na seguinte edição: MISES, Ludwig von. MISES, Ludwig von. *A Mentalidade Anticapitalista*. Ed. e pref. Bettina Bien Greaves; apres. F. A. Hayek; pref. Francisco

A Ideia de Liberdade é Ocidental*

Mas, da maneira como a natureza humana é, a sociedade não pode existir se não há provisões para evitar que as pessoas desregradas cometam ações incompatíveis com a vida da comunidade. Para preservar a cooperação pacífica, devemos estar prontos a recorrer à supressão violenta daqueles que perturbam a paz. A sociedade não pode funcionar sem um aparato social de coerção e compulsão, isto é, sem Estado e governo. Então, surge um problema adicional: restringir os homens que estão a cargo das funções governamentais do abuso de poder e da transformação de todas as outras pessoas em possíveis escravos. O objetivo de todas as lutas pela liberdade é manter sob controle os defensores

---

Razzo; posf. Israel M. Kirzner; trad. Carlos dos Santos Abreu. São Paulo: LvM, 3ª ed., 2017. O trabalho foi reimpresso, na mesma versão do artigo original, como: MISES, Ludwig von. "The Idea of Liberty is Western". In: *Money, Method, and the Market Process: Essays by Ludwig von Mises*. Seleção e pref. Margit von Mises; Ed. e intr. Richard M. Ebeling. Auburn / Norwell: Ludwig von Mises Institute / Kluwer Academic Publishers, 1990. p. 303-12.

armados da paz, os governantes e seus policiais. A liberdade sempre significa: liberdade de ações arbitrárias exercidas pelo poder policial.

A ideia de liberdade é e sempre foi peculiar ao Ocidente. O que separa Oriente e Ocidente é, antes de tudo, o fato de as pessoas do Oriente nunca conceberem a ideia de liberdade. A glória imperecível dos antigos gregos foi compreender primeiro o sentido e significado das instituições que garantem a liberdade. Recentes pesquisas históricas descobriram as fontes orientais da origem de alguns dos avanços científicos creditados anteriormente aos helenos. Entretanto, ninguém jamais contestou a ideia de que a liberdade foi criada nas cidades da Grécia antiga. Os escritos dos filósofos gregos e dos historiadores foram transmitidos aos romanos e, posteriormente, à Europa moderna e à América. Tornou-se a preocupação principal de todos os planos ocidentais para o estabelecimento de uma boa sociedade. Gerou a filosofia do *laissez-faire* à qual a humanidade deve todas as conquistas sem precedentes da era do capitalismo.

O significado de todas as instituições políticas e jurídicas modernas é salvaguardar a liberdade dos indivíduos contra as usurpações por parte do governo. O governo representativo e o império da lei, a independência das cortes e tribunais da interferência por parte das agências administrativas, o *habeas corpus*, a perícia judicial e a compensação dos atos da administração, a liberdade de expressão e a liberdade de imprensa, a separação entre a igreja e o Estado, e muitas outras instituições têm por objetivo apenas uma finalidade: restringir o arbítrio dos governantes e preservar os indivíduos livres de suas arbitrariedades.

A era do capitalismo aboliu todos os vestígios da escravidão e da servidão. Pôs fim às punições cruéis e reduziu as penas pelos crimes ao mínimo indispensável para desencorajar os transgressores. Livrou-se da tortura e de outros métodos questionáveis para lidar com suspeitos e delinquentes. Repeliu todos os privilégios e promulgou a igualdade de todos os homens perante a lei. Transformou os sujeitos da tirania em cidadãos livres.

Os melhoramentos materiais foram o fruto dessas reformas e inovações na conduta dos assuntos de governo. Como todos os privilégios desapareceram e todos passaram a ter garantido o direito de desafiar os interesses escusos d os demais, foi dada carta branca para os que tinham engenhosidade para desenvolver todas as novas indústrias que, hoje, tornam as condições materiais das pessoas mais satisfatórias. As cifras populacionais se multiplicaram e, ainda assim, um número maior de pessoas pôde gozar de uma vida melhor do que a de seus antepassados.

Também nos países da civilização ocidental, sempre houve defensores da tirania – por um lado, o domínio arbitrário absoluto de um autocrata ou da aristocracia e, por outro, a sujeição de todas as demais pessoas. No entanto, na Era das Luzes, as vozes desses opositores se tornaram cada vez mais fracas. A causa da liberdade prevaleceu. Na primeira parte do século XIX, o avanço vitorioso do princípio da liberdade parecia ser irresistível. Os filósofos e historiadores mais eminentes estavam certos de que a evolução histórica tende ao estabelecimento de instituições que garantem a liberdade e que nenhuma intriga ou maquinações contrárias seriam capazes de parar a propensão ao liberalismo.

II

Ao lidar com a preponderância da filosofia liberal social, há uma tendência a negligenciar o poder de um fator importante que trabalhou em prol da ideia de liberdade, a saber, o papel célebre atribuído à literatura da Grécia antiga na educação da elite. Entre os autores gregos, também havia defensores do governo onipotente, tais como Platão (427-347 a.C.)[1]. O teor essencial da ideologia grega, contudo, era a busca da liberdade. A julgar pelos padrões das instituições liberais e democráticas modernas, as cidades-estados gregas podiam ser chamadas de oligarquias. A liberdade que os homens de estado gregos, que os filósofos e os historiadores glorificavam como o bem mais precioso do homem era um privilégio reservado a uma minoria. Ao negá-la aos metecos e escravos, praticamente defendiam o governo despótico de uma casta hereditária de oligarcas. Ainda assim, seria um erro grave desconsiderar seus hinos à liberdade como falsos. Não

---

[1] Uma análise mais detalhada da filosofia platônica como uma das fontes do totalitarismo é apresentada em: POPPER, Sir Karl R. *A Sociedade Aberta e seus Inimigos – Volume 1: O Fascínio de Platão*. Trad. Milton Amado. Belo Horizonte / São Paulo: Itatiaia / Editora da Universidade se São Paulo, 1974. Para uma interpretação distinta, ver: VOEGELIN, Eric. *Ordem e História – Volume III: Platão e Aristóteles*. Intr. Dante Germino; Trad. Cecília Camargo Bartalotti. São Paulo: Loyola, 2009. (N. E.)

eram menos sinceros em seus louvores e exaltação da liberdade do que, dois mil anos depois, os proprietários de escravos George Washington (1732-1799) e Thomas Jefferson (1743-1826). Foi a literatura política dos gregos antigos que gerou as ideias dos monarcômacos, a filosofia dos *Whigs*, as doutrinas de Johannes Althusius (1557-1557), Hugo Grotius (1583-1645) e John Locke (1632-1704), bem como a ideologia dos pais fundadores das constituições modernas e das cartas de direitos. Foram os estudos clássicos, característica essencial de uma educação liberal, que manteve desperto o espírito da liberdade na Inglaterra dos Stuart e de George III (1738-1820), na França dos Bourbon, e, na Itália, sujeita ao despotismo de uma galáxia de príncipes.

Ninguém menos do que Otto von Bismarck (1815-1898), o pior inimigo da liberdade dentre os estadistas do século XIX, testemunha o fato de que, mesmo na Prússia de Frederico Guilherme III (1770-1840) o *Gymnasium* era um reduto de republicanismo[2]. Os empenhos apaixonados para eliminar os estudos clássicos do currículo da educação liberal e assim praticamente destruir seu caráter próprio figuraram entre as maiores manifestações do reavivamento da ideologia servil.

É fato que, há cem anos, somente poucas pessoas anteciparam o *momentum* avassalador que as ideias antiliberais estavam destinadas a adquirir em muito pouco tempo. O ideal da liberdade parecia estar tão firmemente enraizado que todos pensavam que nenhum movimento reacionário jamais

---

[2] BISMARCK, Otto von. *Gedanken und Erinnerungen*. New York / Stuttgart: Cotta, 1898. Vol. I, p. 1.

poderia ter sucesso em erradicá-lo. É verdade, teria sido uma empreitada sem esperanças atacar abertamente a liberdade e defender abertamente a volta à sujeição e cativeiro. Mas o antiliberalismo agarrou-se às mentes das pessoas camuflado de superliberalismo, como a satisfação e consumação das próprias ideias da liberdade. Veio disfarçado de socialismo, de comunismo e de planejamento.

Nenhuma pessoa inteligente pode deixar de reconhecer que aquilo que os socialistas, comunistas e planejadores desejavam era a abolição mais radical da liberdade dos indivíduos e a instituição da onipotência do governo. Ainda assim, a imensa maioria dos intelectuais socialistas estava convencida de que, ao lutar pelo socialismo, lutaria pela liberdade. Chamavam-se de esquerdistas e democratas, assim como hoje reivindicam para si até mesmo o epíteto de liberais.

Esses intelectuais e as massas que seguiram a liderança tinham, no subconsciente, plena ciência de que a derrota em atingir os objetivos amplos aos quais a ambição os impelia era devida às próprias deficiências. Ou não eram brilhantes o bastante, ou não eram suficientemente diligentes. Entretanto, preocupavam-se em não admitir a inferioridade para si mesmos e seus companheiros, mas sim em buscar um bode expiatório. Consolavam-se e tentavam convencer aos demais de que a causa do fracasso não era a própria inferioridade, mas a injustiça da organização econômica da sociedade. Sob o capitalismo, declaravam, a autorrealização só é possível para uns poucos. *"A liberdade em uma sociedade de* laissez-faire *é atingível somente por aqueles que têm a riqueza ou a oportunidade* *de buscá-la"*³. Assim, concluíam, o Estado precisa intervir para praticar a "justiça social". O que realmente queriam dizer era: para dar aos medíocres frustrados "segundo suas necessidades".

III

Enquanto os problemas do socialismo eram apenas uma questão de debate, as pessoas que careciam de juízo e entendimento claros poderiam cair na armadilha da ilusão de que a liberdade poderia ser preservada mesmo sob um regime socialista. Esse autoengano não pode mais ser nutrido dado que a experiência soviética mostrou a todos quais são as condições na comunidade socialista. Hoje, os apologistas do socialismo se veem forçados a distorcer os fatos e a tergiversar o sentido manifesto das palavras quando desejam fazer com que as pessoas acreditem na compatibilidade entre socialismo e liberdade.

O falecido professor Harold Laski (1893-1950), um não--comunista à própria maneira ou mesmo anticomunista – nos disse que *"sem dúvida, na Rússia soviética, um comunista dispõe do sentido total da liberdade; sem dúvida, também dispõe de um sentido aguçado de que a liberdade lhe é negada na Itália fascista"*⁴. A verdade é que um russo é livre para obedecer a todas as ordens promulgadas pelo grande ditador. Mas, tão

---

³ LASKI, Harold. "Liberty". In: *Encyclopaedia of the Social Sciences*. New York: Macmillan Publishers, 1930. 15v. Vol. IX, p. 443.
⁴ Idem. *Ibidem*, p. 445-46.

logo se desvie um centésimo de polegada da maneira correta de pensar, tal como é instituída pelas autoridades, é liquidado sem piedade. Todos os políticos, funcionários públicos, autores, músicos e cientistas "purgados" não eram – por certo – anticomunistas. Eram, ao contrário, comunistas fanáticos, membros do partido em boa posição, a quem as autoridades supremas, em devido reconhecimento da lealdade para com o credo soviético, tinham promovido a posições elevadas. A única ofensa que cometeram foi não terem sido rápidos o suficiente para ajustar suas ideias, políticas, livros ou composições às últimas mudanças nas ideias e gostos de Joseph Stalin (1878-1953). É difícil acreditar que essas pessoas tivessem "um sentido pleno da liberdade" caso não acrescentemos à palavra *liberdade* um sentido precisamente contrário ao sentido que todas as pessoas costumavam lhe atribuir.

A Itália fascista foi, sem dúvida, um país onde não havia liberdade. Adotou o notável padrão soviético do "princípio do partido único" e, de acordo com isso, suprimiu todos os pontos de vista dissidentes. Ainda assim, havia uma conspícua diferença entre a aplicação bolchevique e fascista desse princípio. Por exemplo, viveu na Itália fascista um antigo membro do grupo parlamentar de deputados comunistas, o professor Antonio Graziadei (1872-1953), que permaneceu leal até a morte às convicções comunistas. Recebia regularmente uma pensão que tinha por direito como professor emérito e era livre para escrever e publicar, com as casas editoriais mais importantes da Itália, livros que eram marxistas ortodoxos. A falta de liberdade de que dispunha era, decerto, menos rígida do que a dos comunistas russos que, tal como o professor Laski optou por dizer, *"sem dúvida"* dispõem de um *"sentido total da liberdade"*.

O professor Laski tinha prazer em repetir o truísmo de que a liberdade na prática sempre significa liberdade dentro da lei. Prosseguiu dizendo que a lei sempre tem por objetivo *"conferir segurança a um modo de vida que é considerado satisfatório por aqueles que controlam a maquinária do Estado"*[5]. Esta é uma descrição correta das leis de um país livre se isso significar que a lei tem por objetivo proteger a sociedade das tentativas conspiratórias que pretendem incendiar uma guerra civil ou derrubar o governo via violência. Entretanto, é uma afirmação seriamente equivocada quando o professor Laski acrescenta que, em uma sociedade capitalista, *"um esforço por parte dos pobres para alterar, de forma radical, os direitos de propriedade dos ricos, coloca em risco, de uma vez por todas, a totalidade do esquema das liberdades"*[6].

Consideremos o caso do grande ídolo do professor Harold Laski e de todos os seus amigos, Karl Marx (1818-1883). Quando, em 1848 e 1849 participou ativamente da organização e condução da revolução, primeiramente na Prússia e, a seguir, em outros estados alemães – como legalmente estrangeiro – foi expulso e transferido, com mulher, filhos e empregada, primeiro para Paris e depois para Londres[7]. Posteriormente, quando a paz voltou e os cúmplices da revolução

---

[5] Idem. *Ibidem*, p. 446.
[6] Idem. Ibidem, p. 446.
[7] A respeito das atividades de Marx nos anos de 1848 e 1849, ver: MARX, Karl. *Chronik seines Lebens in Einzeldaten*. Moskau: Marx-Engels-Lenin-Insitute, 1934. p. 48-81.

abortiva foram anistiados, ficou livre para voltar para todas as partes da Alemanha e utilizou com frequência essa oportunidade. Não estava mais no exílio e escolheu, por conta própria, constituir seu lar em Londres[8]. Ninguém o molestou quando fundou, em 28 de setembro de 1864, a International Workingmen's Association (IWA) [Associação Internacional dos Trabalhadores], a Primeira Internacional, uma organização cujo único propósito declarado era preparar a grande revolução mundial. Não foi impedido quando, em nome dessa associação, visitou vários países do continente. Era livre para escrever e publicar livros e artigos que, para usar as palavras do professor Laski, eram certamente um esforço *"para alterar, de modo radical, os direitos de propriedade dos ricos"*. Morreu tranquilamente, no dia 14 de março de 1883, em sua casa, na Maitland Park Road, 41, em Londres.

Vejamos o caso do Labor Party [Partido Trabalhista] britânico. O esforço *"para alterar radicalmente os direitos de propriedade dos ricos"* não enfrentou, como o professor Laski sabia muito bem, obstáculos por parte de nenhuma ação incompatível com o princípio da liberdade.

Marx, o dissidente, podia facilmente viver, escrever e defender a revolução na Inglaterra vitoriana, assim como o Labor Party podia facilmente engajar-se em todas as atividades políticas da Inglaterra pós-vitoriana. Na Rússia

---

[8] Em 1845, Marx renunciou *voluntariamente* à cidadania prussiana. Posteriormente, no início dos anos 1860, quando considerou a possibilidade de uma carreira política na Prússia, o ministério negou seu pedido de restauração da cidadania. Assim, a carreira política se fechou para ele. Talvez este tenha sido o fato decisivo para sua permanência em Londres.

Soviética, a mais tênue oposição não era tolerada. Eis a diferença entre liberdade e escravidão.

IV

Os críticos do conceito legal e constitucional de liberdade e das instituições idealizadas para sua realização prática estão certos ao afirmar que a liberdade dos detentores do poder de agir arbitrariamente ainda não é, em si mesma, suficiente para tornar um indivíduo livre. Mas, ao enfatizar essa verdade indisputável, correm nessa direção de portas abertas, pois nenhum defensor da liberdade jamais defendeu que restringir a arbitrariedade da função pública é tudo o que precisa é necessário para que os cidadãos sejam livres. O que confere aos indivíduos tanta liberdade quanto é possível na vida em sociedade é o funcionamento do sistema de mercado. As constituições e cartas de direitos não criam liberdade. Apenas protegem a liberdade que o sistema econômico competitivo garante aos indivíduos da usurpação por parte do poder policial.

Na economia de mercado, as pessoas têm a oportunidade de lutar pela posição social que desejam ocupar na estrutura da divisão social do trabalho. São livres para escolher a vocação com que desejam servir a seus companheiros. Em uma economia planificada, perdem esse direito. Nela, as autoridades determinam a ocupação de cada homem. O arbítrio dos superiores leva um homem a uma posição melhor, ou lhe nega tal promoção. O indivíduo depende inteiramente das boas graças dos que estão no poder. No entanto, sob o capitalismo, todos são livres para desafiar os poderes instituídos. Se alguém acredita que tem a capacidade de prover melhor o público ou de maneira mais barata do que outras pessoas, pode tentar demonstrar eficiência. A falta de fundos não frustra os projetos, pois os capitalistas estão sempre em busca de homens que possam utilizar os recursos da maneira mais lucrativa. O resultado de suas atividades comerciais depende somente do comportamento dos consumidores que compram de quem melhor lhessatisfaz.

Nem tampouco o assalariado depende da arbitrariedade do empregador. Um empreendedor que fracassa em contratar os trabalhadores mais apropriados para o trabalho em questão e que não lhes paga o suficiente para evitar que procurem outro trabalho é penalizado com a redução de sua receita líquida. O empregador não faz um favor aos empregados. Ele os contrata como um meio indispensável para o sucesso do negócio, assim como compra matérias-primas e equipamentos para a fábrica. O trabalhador é livre para encontrar o emprego que lhe seja mais adequado.

O processo de seleção social que determina a posição e rendimento de cada indivíduo se encontra em progresso contínuo na sociedade capitalista. Grandes fortunas estão encolhendo e finalmente se dissolvendo por completo, ao passo que outras pessoas, nascidas na pobreza, ascendem a posições importantes e passam a ganhar rendimentos consideráveis. Onde não há privilégios e os governos não garantem proteção aos interesses escusos ameaçados pela eficiência superior dos recém-chegados, aqueles que adquiriram riquezas no passado são forçados a adquiri-las novamente todos os dias, competindo com as demais pessoas.

Dentro da estrutura da cooperação social sob divisão do trabalho, todos dependem do reconhecimento de seus serviços por parte do público comprador, que ele mesmo é um participante. Todos os que compram ou deixam de comprar são membros de um corte suprema que atribui a todas as pessoas – e, portanto, também a ele mesmo – um lugar definido na sociedade. Todos são instrumentais no processo que atribui a algumas pessoas uma renda mais alta e, a outras, uma renda mais baixa. Todos são livres para fazer a contribuição que seus pares estão preparados a recompensar pela alocação de uma renda mais elevada. A liberdade sob o capitalismo significa: não depender mais do arbítrio de outrem do que as pessoas dependem do próprio arbítrio. Nãoé concebível liberdade alguma em que a produção seja realizada sob a divisão do trabalho e não existe autarquia econômica de todos que seja perfeita.

É necessário enfatizar que o argumento essencial que suscitamos em favor do capitalismo e contra o socialismo não é o fato d o socialismo dever necessariamente abolir todos os vestígios da liberdade e transformar todas as pessoas em escravos dos que estão no poder. O socialismo é irrealizável como sistema econômico porque uma sociedade socialista não tem nenhuma possibilidade de recorrer ao cálculo econômico. É por isso que não pode ser considerada como um sistema de organização econômica da sociedade. É um meio para desintegrar a cooperação social e para conduzir à pobreza e ao caos.

V

Ao lidar com a questão da liberdade, não nos referimos ao problema econômico essencial do antagonismo entre o capitalismo e o socialismo. Mais propriamente, apontamos que o homem ocidental, distinto do asiático, encontra-se totalmente ajustado à vida em liberdade e é educado assim. As civilizações da China, Japão, Índia e os países maometanos do Oriente Médio, tal como existiam antes dessas nações entrarem em contato com os modos de vida ocidentais, certamente não podem ser desprezadas como bárbaras. Essas pessoas, já há muitas centenas e mesmo há milhares de anos, realizaram obras maravilhosas nas artes industriais, na arquitetura, na literatura, na filosofia e no desenvolvimento de instituições educacionais. Fundaram e organizaram impérios poderosos. Em seguida, todavia, os esforços foram refreados, as culturas se tornaram entorpecidas e adormecidas, e perderam a habilidade para enfrentar os problemas econômicos de maneira bem-sucedida. O gênio intelectual e artístico feneceu. Os artistas e autores copiaram, sem rodeios, os padrões tradicionais. Os teólogos, filósofos e juristas se dedicaram a constantes exegeses de obras antigas. Os monumentos erigidos por seus ancestrais se desfizeram. Os impérios se desintegraram. Os cidadãos perderam o vigor e a energia, tornando-se apáticos diante da decadência progressiva e do empobrecimento.

Os antigos trabalhos da filosofia e da poesia oriental são comparáveis às obras mais valiosas do Ocidente. No entanto, durante muitos séculos, o Oriente não gerou nenhum livro importante. A história intelectual e literária dos tempos modernos dificilmente registra algum nome de autor oriental. O Oriente não mais contribuiu com qualquer coisa que fosse para a empreitada intelectual da humanidade. Os problemas e controvérsias que agitaram ò Ocidente permaneceram desconhecidos no Oriente. Na Europa, houve comoção; no Oriente, houve estagnação, indolência e indiferença.

A razão é óbvia. O Oriente careceu do que é primordial, a ideia de liberdade do Estado. O Oriente nunca ergueu a bandeira da liberdade, nunca tentou dar ênfase aos direitos do indivíduo contra o poder dos governantes. Nunca questionou a arbitrariedade dos déspotas. E, acima de tudo, nunca estabeleceu um arcabouço legal que protegeria o bem-estar material dos cidadãos privados contra o confisco dos tiranos. Pelo contrário, iludidos pela ideia de que as posses dos ricos são a causa da pobreza dos pobres, todas as pessoas aprovaram a prática dos governantes de expropriarem os negociantes de sucesso. Assim, evitou-se a acumulação de capital em larga escala e as nações acabaram por perder todas as melhorias que exigem investimento de capital considerável. Nenhum "burguês" poderia se desenvolver e, consequentemente, não havia público para encorajar e patrocinar autores, artistas e inventores.

Para os filhos dessas pessoas, todos os caminhos em direção à distinção pessoal mantiveram-se fechados, exceto um. Poderiam tentar construir uma vida a serviço dos príncipes. A sociedade ocidental era uma comunidade de indivíduos que poderia competir por prêmios maiores. As sociedades orientais eram aglomerados de sujeitos totalmente dependentes das boas graças dos soberanos. Os jovens precavidos do Ocidente consideravam o mundo como um campo de ação em que poderiam conseguir fama, eminência, honras e riquezas; nada parecia ser muito difícil para sua ambição. A descendência mansa dos orientais não conhecia nada além do seguimento da rotina do meio em que viviam. A nobre autoconfiança do homem ocidental encontrou expressão triunfante em ditirambos, tais como o coro da tragédia *Antígona*[9] de Sófocles (498-406

---

[9] Composta por volta de 442 a.C., a tragédia *Antígona* narra os acontecimentos posteriores à disputa de Eteoclís e Polineices, filhos de Édipo e Jocasta, pelo trono de Tebas, na qual os irmãos morreram em combate. Creonte, o irmão de Jocasta e tio dos jovens, que se tornou o rei de Tebas, havia proibido, sob pena de morte para os desobedientes, o sepultamento do cadáver de Polineices. Todavia, Antígona resolveu desafiar a vontade do tio e realizou os ritos fúnebres do irmão. Surpreendida neste ato, foi levada à presença do rei e justificou a desobediência como ditada pelas leis soberanas dos deuses, que estão acima das ordens dos governantes. Nos parágrafos 450 a 470, ao ser questionada por Creonte por que ousou tripudiar sobre suas leis, Antígona responde com o seguinte hino: *"É que essas leis não foi Zeus que as promulgou, nem a Justiça, companheira de morada dos deuses infernais, que as estabeleceu para os homens. E eu entendi que os teus éditos não tinham tal poder, que um mortal pudesse sobrelevar os preceitos, não escritos, mas imutáveis dos deuses. Porque esses não são de agora, nem de ontem, mas vigoram sempre, e ninguém sabe quando surgiram. Por causa das tuas leis, não queria eu ser castigada perante os deuses, por ter temido a decisão de um homem. Eu já sabia que havia de morrer um dia – como havia de ignorá-lo? –, mesmo que não tivesses proclamado esse édito. E, se morrer antes do tempo, direi que isso é uma vantagem. Quem vive no meio de tantas calamidades, como eu, como não há de considerar a morte um benefício? E assim, prever o destino que me espera é dor que nada vale. Se eu sofresse por consentir que o cadáver de um dos filhos de minha mãe ficasse insepulto, doer-me-ia. Isto, porém, não me causa dor. E se agora te parecer que cometi um ato de loucura, talvez louco seja aquele que como tal me condena".* O irredutível Creonte condena Antígona a ser sepultada viva em uma caverna subterrânea. Ismene, a irmã de Antígona, que havia se recusado participar do ato de rebeldia, proclama cumplicidade e deseja partilhar da mesma punição, mas é tratada pelo rei como demente. Háimon, o filho de Creonte e noivo de Antígona, defende a noiva em vão junto ao pai, e diante da inutilidade do apelo afasta-se advertindo que morrera com ela. Persuadido pelo advinho Teiresias, que o ameaça com conseqüências

a.C.) a respeito dos homens e de seu esforço empreendedor e a *Nona Sinfonia*[10] (Op. 125) de Ludwig van Beethoven (1770-1827). Nada desse tipo jamais foi ouvido no Oriente. É possível que os descendentes dos construtores da civilização dos homens brancos renunciem à própria liberdade e se rendam voluntariamente à suserania do governo onipotente? É possível que possam buscar contentamento em um sistema cuja única tarefa é servir como engrenagem em uma vasta máquina construída e operada por um planejador todo--poderoso? Será que a mentalidade das civilizações atrasadas deveria abolir os ideais de progresso pelos quais milhares e milhares sacrificaram suas vidas?

Ruere in seruitium[11], mergulharam na escravidão, observou o historiador Públio Cornélio Tácito (55-120), com tristeza, ao falar dos romanos da era do imperador Tibério (42 a.C.-37 A.D.).

---

terríveis pela desobediência às leis divinas, Creonte corre para a caverna onde Antígona havia sido encerrada, e lá encontra o filho abraçado ao cadáver da noiva que se enforcou. Háimon, ao ver o pai, avança contra ele de espada em punho, mas não o atinge, e resolve tirar a própria vida. Creonte regressa ao palácio, onde fica sabendo que Eurídice, sua mulher, havia se suicidado por conta da intransigência do marido. Em língua portuguesa encontramos essa tragédia em diversas edições, dentre as quais, citamos a seguinte: SÓFOCLES. *Antígona*. Intr., trad. do grego e notas de Maria Helena da Rocha Pereira Fialho. Brasília: Editora Universidade de Brasília, 1997. (N. E.)

[10] Referência ao poema *Ode an die Freude* [*Ode à Alegria*] de Friedrich Schiller (1759-1805), musicado por Ludwig von Beethoven no quarto movimento da *Nona Sinfonia*, cujos versos expressam uma visão idealizada da raça humana como uma grande irmandade e exaltam a importância da liberdade como condição necessária para a felicidade e a moralidade. (N. E.)

[11] TÁCITO. *Annales*. Livro I, capítulo 7, verso 1. (N. E.)

Parte III
ANEXOS

— # ANEXO I

Nos últimos sessenta ou oitenta anos, em todos os países, cidadãos eminentes estão alarmados com crescente onda de totalitarismo. Desejam preservar a liberdade e a Civilização Ocidental, bem como organizar um movimento político e ideológico com o objetivo de parar o progresso rumo ao caminho da servidão.

Todos esses esforços fracassaram por completo; os partidos e grupos dedicados à sua realização logo desapareceram da cena pública. Até mesmo seus nomes caíram no esquecimento.

* O texto corresponde a um memorando datilografado inédito e datado do dia 31 de dezembro de 1946, cujo o original se encontra no arquivo do Grove City College, na Pennsylvania, nos Estados Unidos. O documento foi escrito a pedido de Henry Hazlitt (1894-1993) para proporcionar os comentários e apreciações de Ludwig von Mises (1881-1973) a respeito das propostas iniciais de F. A. Hayek (1899-1992) para o que viria a ser a Mont Pèlerin Society. Para uma discussão do contexto deste memorando, ver: HÜLSMANN, Jörg Guido. *Mises: The Last Knight*

Observações sobre o Plano do Professor Hayek*

Ludwig von Mises

A causa desse fracasso lamentável está na incapacidade dos fundadores desses movimentos de eximirem-seda repercussão das ideias mesmas dos inimigos da liberdade. Não perceberam que a liberdade se encontra inextricavelmente ligada à economia de mercado. Em geral, deram apoio à parte crítica do programa socialista. Comprometeram-se com uma solução de terceira via, o intervencionismo.

O que esses intelectuais assustados não entenderam é que todas essas medidas de interferência governamental nos negócios que defenderam são abortivas. Necessariamente conduzem a um estado de coisas que, *do ponto de vista dos próprios defensores*, é mais indesejável

---

of *Liberalism*. Auburn: Ludwig von Mises Institute, 2007. p. 865s. Ver, também, a menção a este texto em "History and Principles of the Property and Freedom Society", disponível em: http://www.propertyandfreedon.org/principles.html
A presente versão foi traduzida a partir da seguinte edição: MISES, Ludwig von. "Observations on Professor Hayek's Plan". *Libertarian Papers*, Volume. 1, Number 2 (2009): 1-3.

que as condições da economia de mercado desimpedida para as quais talalteração foi elaborada. Se os governos e as pessoas não quiserem consentir com esse resultado insatisfatório, nem abandonar quaisquer interferências adicionais no mercado, retornando à plena liberdade econômica, precisam acrescentar, às suas primeiras medidas, mais e mais regulações até que, por fim, emergirá a *Zwangswirtschaft* [Economia de comando] nazista com todas as suas implicações. Todos os males que os intervencionistas atribuem à economia de mercado são produtos da interferência supostamente benéfica. A expansão do crédito resulta em uma aceleração artificial e, então, em quebra. Taxas de salário mínimo, quando forçadas por decreto governamental ou por pressão e compulsão dos sindicatos, resultam em desemprego maciço e prolongado, ano após ano. Os efeitos perniciosos do protecionismo e da inflação são óbvios.

Quem deseja preservar a liberdade não deve repetir feito papagaio os chavões dos totalitários. Não deve falar sobre a compatibilidade entre regulação econômica e liberdade para os indivíduos. Não deve objetar que abomina o *laissez-faire*.

Laissez-faire não significa deixar que os males perdurem. Significa deixar os consumidores, isto é, as pessoas, decidirem – por compras e abstenções de adquirir – o que deveria ser produzido e por quem. A alternativa ao *laissez-faire* é pôr as decisões nas mãos de um governo paternalista. Não há terceira via. Ou os consumidores são os soberanos, ou então, o governo o será.

É inútil falar sobre interferência governamental para tornar as pessoas livres e restabelecer a concorrência. O que ajuda a liberdade – política, intelectual e religiosa, bem como, econômica – não é a interferência do governo, mas sim, a economia de mercado. A intervenção governamental não é necessária para evitar o surgimento de monopólios sobre os preços. Não é o mercado desimpedido, mas sim, os governos que alimentam a monopolização. O que tanto se fala a respeito do declínio da concorrência decorre do protecionismo, de acordos intergovernamentais para o comércio de mercadorias e de muitas outras medidas semelhantes. Lembrem-se do National Recovery Administration (NRA) [Administração de Recuperação Nacional] do *New Deal*. Lembrem-se da história dos carteis alemães, que narrei em meu livro *Omnipotent Government*[1] [*Governo Onipotente*].

Os que desejam preservar a liberdade devem exigir livre comércio, tanto doméstico quanto estrangeiro, padrão-ouro, e o restabelecimento do direito exclusivo dos governos de recorrer à coerção violenta e à supressão (o que envolve a abolição do privilégio dos sindicatos para "punir" fura-greves).

Obviamente, todas essas coisas são muito impopulares. Caso fossem populares, não haveria necessidade de um novo partido. O político prático deve levar em conta a reação dos eleitores ao seu programa, se desejar ter sucesso no curto prazo. Deve ter compromisso. Entretanto, o intelectual pioneiro de um mundo melhor não se encontra restrito pelas preocupações da *Realpolitik*. Seu programa deve ser correto. É somente um programa correto que triunfa no longo prazo.

---

[1] MISES, Ludwig von. *Omnipotent Government: The Rise of the Total State & Total War*. Auburn: Ludwig von Mises Institute, 2010. p. 66-78; 158-159; 245-251.

O ponto fraco do plano do professor F. A. Hayek (1899-1992) é se basear na cooperação de muitos homens conhecidos por apoiar o intervencionismo. É necessário esclarecer esse ponto *antes* do início da conferência. Da maneira como entendo o plano, não é tarefa desta conferência discutir novamente se um decreto do governo ou a determinação de um sindicato têm ou não a capacidade de elevar o padrão de vida das massas. Se alguém deseja discutir esses problemas, não é necessário que faça uma peregrinação ao Monte Pelerin, na Suíça. Poderá encontrar, em na própria vizinhança, muitas oportunidades para fazê-lo.

31 de dezembro de 1946

Ludwig von Mises

ANEXO II

Devo confessar que agora, ao chegar o momento que venho esperando há tanto tempo, o sentimento de intensa gratidão para com os presentes tem sido bastante moderado por um forte senso de perplexidade diante da audácia em pôr tudo isso em movimento, e de alerta a respeito da responsabilidade que assumi ao pedir que viésseis aqui, gastando tanto tempo e energia, para algo que pudésseis ter reputado como um experimento impetuoso. Entretanto, limitar-me-ei, neste estágio, a proferir um simples, mas profundamente sincero, "obrigado".

* Discurso proferido em 1º de abril de 1947 na reunião que deu origem à Mont Pelerin Society, realizada em um hotel na vila de Mont Pèlerin, próxima à cidade de Vevey, na Suíça, nos arredores do Lago Genebra. Além de F. A. Hayek (1899-1974), participaram do encontro Erick Eyck (1878-1964), Ludwig von Mises (1881-1973), William E. Rappard (1883-1958), Frank Knight (1885-1972), Frank Graham (1890-1949), Walter Eucken (1891-1950), Michael Polanyi (1891-1976), Felix Morley (1894-1982), Henry Hazlitt (1894-1993), Trygve J. B. Hoff

Discurso de Abertura a uma Conferência na Mont Pèlerin*

F. A. Hayek

É meu dever, antes de deixar a posição que assumi com tanta imodéstia, e entregar-lhes, jubiloso, a tarefa de prosseguir o que circunstâncias afortunadas me permitiram iniciar, proporcionar-vos uma apresentação, de certa maneira, mais completa dos objetivos que me levaram a propor este encontro e sugerir a programação. Esforçar-me-ei para não abusar muito de vossa paciência, porém mesmo o mínimo de explicação que vos devo tomará algum tempo. A convicção básica que me guiou

(1895-1982), Carlo Antoni (1896-1959), Herbert Tingsten (1896-1973), Henri de Lovinfosse (1897-1977), Leonard Read (1898-1983), Lionel Robbins (1898-1984), Vernon Orval Watts (1898-1993), Wilhelm Röpke (1899-1966), Carl Iversen (1899-1978), Albert Hunold (1899-1980), Harry D. Gideonse (1901-1985), Aaron Director (1901-2004), Fritz Machlup (1902-1983), John Jewkes (1902-1988), Karl R. Popper (1902-1994), Bertrand de Jouvenel (1903-1987), Karl Brandt (1904-1948), Hans Barth (1904-1965), John Davenport (1904-1987), F. A. Harper (1905-1973), Cicely Veronica Wedgwood (1910-1997), George J. Stigler (1911-1991), Maurice Allais (1911-2010), Stanley Dennison (1912-1992), Milton Friedman (1912-2006), Loren Miller e François Trevoux.

nesses esforços é que, se os ideais que acredito nos unem, e para os quais, a despeito de tanto abuso do termo, ainda não há outro nome melhor do que "liberal", podem ter qualquer chance de reviver, uma grande tarefa intelectual deve ser realizada. Este empreendimento envolve tanto purgar a teoria liberal tradicional de certos acréscimos acidentais que a ela se uniram no transcurso do tempo, como também enfrentar alguns problemas reais que o liberalismo supersimplificado se esquivou ou que se tornaram aparentes somente a partir o momento em que se transformou em um credo de certo modo estacionário e rígido.

Confirmei, a forte convicção de que essa é a condição prevalecente pela observação de que, em muitos campos distintos, e em muitas partes diferentes do mundo, indivíduos que cresceram com crenças diversas e para os quais o liberalismo de partido é pouco atraente têm redescoberto, por si mesmos, os princípios básicos do liberalismo e têm tentado reconstruir uma filosofia liberal capaz de lidar com as objeções que, aos olhos da maioria de nossos contemporâneos, derrotaram a promessa que o início do liberalismo oferecia.

Durante os últimos dois anos, tive a fortuna de visitar diversas partes da Europa e da América e fiquei surpreso com a quantidade de homens sós que encontrei em vários lugares, trabalhando, essencialmente, nos mesmos problemas e em linhas muito similares. Por trabalharem isolados ou em grupos pequenos veem-se, entretanto, constantemente forçados a defender os elementos básicos de suas convicções e, raro, têm a oportunidade de trocar opiniões a respeito de problemas mais técnicos que surgem somente se uma certa base comum de convicções e ideais está presente.

Parece-me que esforços efetivos para elaborar os princípios gerais de uma ordem liberal são praticáveis somente por um grupo de pessoas que concordam com os fundamentos e entre os quais certas concepções básicas não são questionadas a cada passo. Entretanto, neste momento não temos apenas um número muito pequeno daqueles que, em qualquer país, concordam com o que me parecem ser os princípios liberais básicos; a própria tarefa é muito grande e temos muita necessidade de recorrer a uma experiência que seja tão ampla quanto possível e esteja sob condições variadas.

Para mim, uma das observações mais instrutivas, quanto mais nos direcionamos para o Oeste, para os países onde as instituições liberais ainda são comparativamente sólidas, a as pessoas professando convicções liberais ainda são comparativamente numerosas, menos tais pessoas se encontram preparadas de fato para reexaminar as próprias convicções e mais estão inclinadas a se comprometer e a pressupor a forma historicamente acidental de uma sociedade liberal que conhecem como o padrão último. Descobri, por outro lado, que naqueles países que vivenciaram diretamente um regime totalitário ou chegaram perto disso essa experiência fez com que uns poucos homens ganhassem uma concepção mais clara das condições e do valor de uma sociedade livre. Quanto mais discuto esses problemas com pessoas de diferentes países, mais chego à convicção de que a sabedoria não se encontra toda em um só lugar e que a observação da verdadeira decadência de uma civilização ensinou a alguns pensadores independentes do continente europeu lições que, acredito, ainda precisam ser aprendidas na Inglaterra e na América para evitar que esses países enfrentem destino semelhante.

Ainda assim, não são somente os estudantes de Economia e de Política de vários países que têm muito a ganhar uns com os outros e que, ao unir as forças através das fronteiras nacionais, poderiam realizar muito para avançar a causa comum. Não fiquei muito impressionado pelo fato de quão mais prolífica poderia ser a discussão dos grandes problemas de nossa época entre, digamos, um economista e um historiador, ou um advogado e um filósofo político, se compartilhassem de certas premissas comuns, do que ocorre quando a discussão se dá entre estudantes dos mesmos assuntos, que, porém, diferem nos valores básicos. É claro, uma filosofia política nunca pode se basear exclusivamente na economia ou se expressar principalmente em termos econômicos. Parece que os perigos que enfrentamos resultam de um movimento intelectual que neles se expressou, e que afetou a postura diante de todos os aspectos das questões humanas. Ainda assim, embora no próprio assunto cada um de nós possa ter aprendido a reconhecer as crenças que formam partes e parcelas do movimento que conduz ao totalitarismo, não podemos estar certos de que, por exemplo, como economistas, sob a influência da atmosfera de nossa época, não aceitamos as ideias dos campos da história ou da filosofia, da moral ou do direito de maneira tão acrítica como qualquer outra pessoa, estas são partes e parcelas do próprio sistema de ideias contra as quais aprendemos a nos opor dentro de nosso campo.

A necessidade de um encontro internacional de representantes dos diferentes assuntos me parece especialmente importante como resultado da guerra que não somente rompeu muitos dos contatos normais, mas que também, de modo inevitável, e no que em nós há de melhor, criou uma perspectiva autocentrada e nacionalista que mal se conforma à abordagem verdadeiramente liberal dos problemas. O que é muitíssimo pior, a guerra e seus efeitos criaram novos obstáculos para a retomada dos contatos internacionais. Para os que estão nos países menos afortunados, tais obstáculos ainda são praticamente intransponíveis sem ajuda externa, e são bastante sérios para o restante das pessoas. É nítido, parece existir um argumento em favor de algum tipo de organização que ajudaria a reabrir as comunicações entre pessoas que compartilham de uma perspectiva comum. A menos que algum tipo de organização privada seja criada, haverá o sério risco de que os contatos para além das fronteiras nacionais se tornem cada vez mais o monopólio daqueles que estavam, de uma maneira ou de outra, amarrados às maquinarias governamentais ou políticas existentes e obrigados a servir às ideologias dominantes.

Era evidente, desde o início, que nenhuma organização permanente dessa espécie poderia ser criada sem algum tipo de encontro experimental em que a viabilidade da ideia pudesse ser testada. Mas como isso, nas circunstâncias atuais, pareceria difícil de organizar sem quantias consideráveis, fiz pouco além de conversar a respeito desse projeto com tantas pessoas quantas pudessem ouvir, até que, para minha surpresa, um acidente afortunado repentinamente colocou o projeto dentro do escopo da possibilidade. Um de nossos amigos suíços, o Dr. Albert Hunold (1899-1980), levantou fundos para um projeto cognato, porém diferente, que teve de ser abandonado por razões acidentais, porém obteve sucesso em persuadir os doadores a direcionarem a quantia para esse novo objetivo.

Foi somente quanto essa oportunidade singular apareceu que dei-me conta, por completo, da responsabilidade que assumi e de que, para não perder a oportunidade, precisaria assumir a tarefa de propor essa conferência assim como sua parte mais difícil, que foi decidir quem seria convidado. Talvez sejam compreensivos o bastante com a natureza difícil e embaraçosa dessa tarefa, de modo a tornar desnecessário que eu peça extensas desculpas pela maneira como a desempenhei.

Há somente um ponto, com relação a isso, que devo explicar: da maneira como vejo nossa tarefa, não basta que nossos membros devam ter o que se costumava chamar de perspectivas "corretas". O antigo liberal que adere a um credo tradicional *simplesmente* fora da tradição, por mais admiráveis que sejam seus pontos de vista, não é de muita utilidade para nosso propósito. O que precisamos são pessoas que enfrentaram os argumentos do outro lado, que lutaram contra eles e se empenharam em tomar uma posição a partir da qual podem tanto levantar críticas contra as objeções que enfrentam, quanto justificar suas posturas. Tais pessoas são ainda menos numerosas do que os bons liberais no velho sentido, e mesmo, nesse momento, são poucas. Entretanto, no momento de elaborar uma lista, tive a grata surpresa de perceber que o número de pessoas que pensei adequadas para constarem dessa lista era bem maior do que esperava ou que poderiam ser chamadas para a conferência. E a seleção final precisou, de modo inevitável, ser, em grande medida, arbitrária.

É um assunto de grande arrependimento que, em grande parte como resultado de minhas limitações pessoais, a participação nessa conferência tenha ficado, de certa maneira, desequilibrada e que os historiadores e filósofos políticos, em vez de tão representados quanto os economistas, sejam, comparativamente, uma pequena minoria. Isso se deve, em parte, ao fato de meus contatos pessoais entre aquele grupo serem mais limitados e também porque mesmo entre aqueles que figuravam na lista original, uma proporção particularmente alta dos que não eram economistas não puderam participar. Outro motivo, nesta conjuntura particular, é o fato dos economistas, talvez, parecerem estar, em geral, mais cientes dos perigos imediatos e da urgência dos problemas intelectuais que precisamos resolver caso queiramos ter uma oportunidade de orientar o crescimento para direções mais desejáveis. Há desproporções semelhantes na distribuição de nacionalidades desta conferência e lamento, em particular, que a Bélgica e a Holanda não tenham sido representadas. Não duvido que, além dessas falhas das quais tenho consciência, há outros problemas talvez ainda mais sérios que, sem querer, posso ter cometido e tudo o que posso fazer é pedir vossa clemência, além de rogar pela vossa ajuda, de maneira que, no futuro, possamos contar com uma lista mais completa de todos aqueles que podemos esperar que sejam simpáticos e apoiadores ativos de nossos esforços.

Fiquei muito encorajado com o fato de que nem uma única pessoa, dentre aquelas às quais enviei convites, deixou de expressar simpatia com relação ao propósito da conferência, bem como o desejo de ser capaz de tomar parte. Se, sem embargo, muitas dessas pessoas não se encontram aqui, isso se deveu a dificuldades físicas de um tipo ou de outro. Provavelmente gostarão de ouvir os nomes daqueles que expressaram o desejo de estar conosco e a compreensão amiga acerca dos objetivos deste encontro[1]. Ao mencionar os que não puderam estar conosco por razões temporárias, também devo mencionar outros, cujo apoio particularmente contava, mas que nunca poderão estar conosco novamente. De fato, os dois homens com quem discuti mais extensivamente o plano para este encontro não sobreviveram para testemunhar sua realização. Esbocei esse projeto por primeira vez há três anos para um pequeno grupo de Cambridge, presidido por Sir John Clapham (1874-1946), que manifestou grande interesse, porém morreu subitamente há um ano. E agora faz menos de um ano desde que discuti o plano com todos os detalhes com outro homem cuja vida inteira foi dedicada aos ideais e problemas que nos preocupam: Henry Calvert Simons (1899-1946) de Chicago. Poucas

---

[1] Neste momento fiz a leitura de uma lista com os seguintes nomes: Costantino Bresciani Turroni (1882-1963), William H. Chamberlin (1897-1969), René Courtin (1900-1964), Max Eastman (1883-1969), Luigi Einaudi (1874-1961), Howard Ellis (1892-1968), A. G. B. Fisher (1895-1976), Eli Heckscher (1879-1952), Hans Kohn (1891-1971), Walter Lippmann (1889-1974), Friedrich Lutz (1901-1975), Salvador de Madariaga (1886-1978), Charles Morgan (1894-1958), W. A. Orton (1889-1952), Arnold Plant (1898-1978), Charles Rist (1874-1955), Michael Roberts (1908-1948), Jacques Rueff (1896-1978), Alexander Rüstow (1885-1963), Franz Schnabel (1887-1966), W. J. H. Sprott (1897-1971), Roger Truptil (1901-1993), Daniel Villey (1911-1968), E. L. Woodward (1890-1971), H. M. Wriston (1889-1978) e G. M. Young (1882-1959). Apesar de não estarem presentes na conferência em Monte Pelerin, todas essas pessoas posteriormente concordaram em participar da sociedade como membros fundadores.

semanas depois, já não estava mais entre nós. Se, juntamente com seus nomes, menciono o de um homem muito mais jovem que também tinha muito interesse em meus planos e que, caso tivesse sobrevivido, esperava tê-lo visto como nosso Secretário Permanente, um cargo que Étienne Mantoux (1913-1945) teria sido a pessoa ideal para ocupar, entenderão o grande peso das perdas que nosso grupo sofreu mesmo antes desta primeira oportunidade de encontro.

Não fosse por essas mortes trágicas, não precisaria ter atuado sozinho na convocação desta conferência. Confesso que, por um momento, esses baques abalaram completamente minha decisão de seguir adiante com o plano. Entretanto, quando a oportunidade apareceu, senti-me no dever de fazer todo o possível.

Há um outro ponto relacionado com a adesão à nossa conferência que devo mencionar rapidamente. Temos, entre nós, um grande número de pessoas que escrevem regularmente para a imprensa, não para que a conferência seja noticiada, mas porque contam com a melhor oportunidade para difundir as ideias às quais nos dedicamos. Entretanto, para tranquilizar os demais membros, pode ser útil mencionar que, a menos e até que decidam de maneira diferente, penso que este encontro deveria ser considerado privado e que tudo o que seja dito e discutido aqui permaneça "fora dos registros".

Voltar-me-ei, agora, para o programa que sugeri para este encontro. É, obviamente, a primeira coisa que terão de considerar e preciso muito dizer que as propostas que enviei e que explicarei agora não passam de sugestões que esta conferência poderá aprovar ou não.

Dentre os assuntos que sugeri para pesquisa sistemática por esta conferência, e que a maior parte dos membros parece ter aprovado, o primeiro é a relação entre o que se chama "livre empresa" e uma ordem realmente competitiva. Parece-me ser o maior e, de certa maneira, o problema mais importante e espero que uma parte considerável das discussões sejam dedicadas à sua análise. É o campo em que é mais importante que tenhamos clareza mental e que cheguemos a um acordo a respeito do tipo de programa de economia política que gostaríamos de ver como geralmente aceito. É, provavelmente, o conjunto de problemas nos quais a maior parte de nós está vivamente interessado e é muito urgente que o trabalho conduzido de maneira independente em direções paralelas em diversas partes do mundo deva ser reunido. É provável que, após uma visão panorâmica do problema geral, possam preferir dividi-lo em questões mais específicas, passíveis de discussão em sessões separadas. Dessa maneira, provavelmente, poderíamos encontrar espaço para um ou mais tópicos adicionais que mencionei em uma de minhas circulares, ou para problemas adicionais, tal como o da economia inflacionária de alta pressão que, como foi corretamente observado por mais de um membro, é, neste momento, o principal instrumento para impingir, na maior parte dos países, o desenvolvimento coletivista . Talvez o melhor plano seja, após dedicar uma ou dias sessões à questão geral, possamos separar algo como meia hora ao final de uma dessas discussões para decidir a respeito dos rumos que deverão tomar as deliberações. Proponho que dediquemos a totalidade desta tarde e noite para uma apresentação geral desse assunto e talvez permitai-me dizer mais umas poucas palavras a respeito disso nesta tarde. Tomei a liberdade de pedir ao professor Aaron Director (1901-2004), de Chicago, ao professor Walter Eucken (1891-1950), de Friburgo, e ao professor Maurice Allais (1911-2010), de Paris, que introduzam o debate sobre esse assunto e não tenho dúvidas de que teremos, assim, material mais do que suficiente para discutir.

Embora os problemas dos princípios da ordem econômica sejam profundamente importantes, há muitas razões pelas quais espero que, ainda durante a primeira parte da conferência, também tenhamos tempo para alguns dos demais tópicos. Provavelmente, todos concordamos em que as raízes dos perigos políticos e sociais que enfrentamos não são puramente econômicos e que, se desejamos preservar uma sociedade livre, é necessário empreender uma revisão não somente dos conceitos estritamente econômicos que regem nossa geração. Acredito que também ajudará a nos entrosarmos mais rapidamente se, durante a primeira parte da conferência, pudermos nos debruçar sobre um campo mais abrangente e olhar para nossos problemas a partir de diversos ângulos antes de tentarmos prosseguir para aspectos mais técnicos ou questões de detalhes.

Provavelmente concordarão com que a interpretação e ensino da História tem sido, durante as duas últimas gerações, um dos principais instrumentos pelo qual concepções essencialmente antiliberais a respeito das questões humanas têm sido difundidas; o abrangente fatalismo com respeito a todo o crescimento que de fato ocorreu como consequência inevitável das grandes leis do desenvolvimento histórico necessário, o relativismo histórico que nega quaisquer padrões morais, exceto aqueles que têm ou não têm sucesso, a ênfase nos movimentos de massa como distintos dos resultados individuais e, por último, mas não menos importante, a ênfase geral na necessidade material como algo que se contrapõe ao poder das ideias para moldar nosso futuro, todas essas são diferentes facetas de um problema muito importante e quase tão amplo quanto o problema econômico. Sugeri, como assunto à parte para discussão, meramente um aspecto desse grande campo, a relação entre a historiografia e a educação política, porém se trata de um aspecto que nos levará rapidamente ao problema mais vasto. Estou muito feliz que a senhorita Cicely Veronica Wedgwood (1910-1997) e o professor Carlo Antoni (1896-1959) tenham aceitado abrir a discussão a respeito dessa questão.

Considero importante percebermos que o credo liberal popular, no continente e na América, mais que na Inglaterra, continha muitos elementos que, por um lado, muitas vezes levou seus adeptos a abraçar diretamente o socialismo ou o nacionalismo, e, por outro lado, antagonizou muitos dos que partilhavam dos valores básicos da liberdade individual, mas que eram repelidos pelo racionalismo agressivo que não reconheceria valores exceto aqueles cuja utilidade (em última análise, nunca divulgada) poderia ser demonstrada pela razão individual e que presupunha que a ciência seria competente para nos dizer não somente como as coisas são, mas também como deveriam ser. Pessoalmente, acredito que esse falso racionalismo, tornado influente na Revolução Francesa e que, durante os últimos cem anos, exerceu influência principalmente nos movimentos gêmeos do Positivismo e do Hegelianismo, expressa uma arrogância intelectual que se opõe àquela humildade intelectual que é a essência do verdadeiro liberalismo, que considera com reverência as forças sociais espontâneas pelas quais os indivíduos criam coisas maiores do que conhecem. Esse racionalismo intolerante e feroz é o principal responsável pelo hiato que, particularmente no Continente, muitas vezes afastou pessoas religiosas do movimento liberal e as levou para campos reacionários em que se sentem minimamente em casa. Estou convencido de que, a menos que essa ruptura entre as convicções verdadeiramente liberais e religiosas possa ser sanada, não há esperança para reavivamento das forças liberais. Há muitos sinais, na Europa, de que uma tal reconciliação está, hoje, mais próxima do que esteve durante muito tempo, e que muitas pessoas veem, nisso, a única esperança de preservação dos ideais da civilização ocidental. Foi por isso que fiquei especialmente ansioso para que o assunto da relação entre Liberalismo e Cristianismo pudesse ser um dos tópicos separados de nossa discussão; e, embora não possamos esperar ir muito longe na exploração desse tópico em um único encontro, parece-me essencial que devamos enfrentar o problema de maneira direta.

Os outros dois tópicos adicionais que sugeri para discussão são questões a respeito da aplicação prática dos princípios aos problemas de nosso tempo, em vez de questões de princípios em si mesmas. Todavia, tanto o problema do futuro da Alemanha, e o das possibilidades e perspectivas para uma federação europeia, parecem, ao menos para mim, problemas de urgência tão imediata que nenhum grupo de estudantes de política deveria se reunir sem considerá-los, mesmo se não pudermos esperar fazer mais do que esclarecer o nosso raciocínio pela troca de pontos de vista. Trata-se de duas questões sobre as quais o estado atual da opinião pública, mais do que qualquer outra coisa, é o maior obstáculo para qualquer discussão razoável e sinto que não se esquivar de considerá-las, trata-se de uma obrigação especial. É um sintoma da complexidade o fato de ter enfrentado uma dificuldade enorme para persuadir todos os membros desta conferência a abrir discussão a respeito desses dois temas.

Há ainda um outro tópico que gostaria de ver discutido porque me parece central para o nosso problema, a saber, o significado e as condições do Estado de Direito. Se, na verdade, não sugeri que o fosse foi porque, para discutir esse problema adequadamente, teria sido necessário ampliar ainda mais o número de membros para incluir juristas. Mais uma vez, foi meu grande desconhecimento que impediu isso e o menciono, em boa parte, para deixar claro o quanto precisamos ampliar nossa rede para sermos propriamente competentes, em qualquer organização permanente, para lidar com todos os diferentes aspectos do desafio. No entanto, o programa que sugeri é, provavelmente, ambicioso o bastante para esta única conferência e agora deixarei este ponto e voltarei para um ou dois outros assuntos sobre os quais devo fazer breves comentários.

O primeiro dos pontos, a organização formal desta conferência, não creio que devemos nos sobrecarregar com qualquer aparelhagem elaborada. Não poderíamos ter desejado uma pessoa mais qualificada para nos presidir neste primeiro encontro do que o professor William Rappard (1883-1958) e estou certo de que me permitirão agradecer-lhe em seu nome por ter aceitado. Contudo, não devemos esperar que ele ou alguém mais carregue este fardo no transcurso da conferência. O arranjo mais apropriado será, provavelmente, que este cargo seja rotativo e, se concordarem, um dos atos deste primeiro encontro será eleger os presidentes para alguns dos próximos encontros. Se concordarmos com um programa ao menos para a primeira parte da conferência, pouco trabalho formal aparecerá até que precisemos considerar a agenda para a segunda parte, o que sugeri que façamos em um encontro especial na tarde de segunda-feira. Seria provavelmente sábio se, ademais, estabelecermos, nesse encontro, uma pequena comissão permanente de cinco ou seis membros para preencher quaisquer detalhes do programa sobre os quais concordamos agora ou para fazer quaisquer mudanças que as circunstâncias possam revelar desejáveis. Também podem considerar interessante indicar um secretário para a conferência, ou talvez ainda melhor, dois secretários, um para lidar com o programa e outro para ficar a cargo de arranjos gerais. Acredito que isso seria amplo o suficiente, neste estágio, para regularizar nossos procedimentos.

Há um outro ponto da organização que provavelmente devo mencionar neste estágio. Devo, obviamente, atentar para que atas adequadas sejam mantidas a respeito da parte dos trabalhos de nossas discussões. No entanto, nenhum arranjo foi feito ou pareceu exequível para obter um registro taquigráfico de nossas discussões. Além das dificuldades técnicas, isso também teria estado em desacordo com o caráter privado e informal de nossas conversas. Entretanto, espero que os próprios membros mantenham algumas anotações a respeito das principais contribuições para que, caso a conferência decida incorporar os principais resultados em algum tipo de registro escrito, seja fácil colocar no papel a essência das observações.

Também temos a questão da linguagem. Em minha correspondência preliminar, supus tacitamente que todos os membros estão familiarizados com o inglês, e como isso é verdadeiro para a maior parte, facilitaria enormemente nossas deliberações se esse idioma fosse usado como língua principal. Não nos encontramos na posição afortunada das organizações internacionais oficiais que contam com equipes de intérpretes. Parece-me que a regra deveria ser que cada membro utilize a língua que possa esperar ser mais bem compreendido.

O propósito imediato desta conferência é, obviamente, proporcionar uma oportunidade para que um grupo comparativamente pequeno daqueles que, em diferentes partes do mundo, lutam pelos mesmos ideais, possam se conhecer pessoalmente, intercambiar experiências de modo proveitoso e, talvez, também proporcionar encorajamento mútuo. Estou confiante de que, no fim desses dez dias, concordarão em que este encontro terá valido muito a pena se não tiver alcançado mais do que isso. Entretanto, espero que esse experimento colaborativo possa se mostrar tão bem-sucedido que desejemos dar-lhe continuidade de uma maneira ou de outra.

Por menor que seja o número total de pessoas que compartilham de nossa visão geral, obviamente entre eles há muito mais acadêmicos competentes interessados de modo ativo nos problemas que apresentei do que o pequeno número aqui presente. Eu mesmo poderia ter elaborado uma lista duas ou três vezes maior e, a partir das sugestões que já recebi, não tenho dúvidas de que, juntos, poderemos, sem dificuldade, compilar uma lista de muitas centenas de homens e mulheres oriundos de vários países que compartilham de nossas crenças gerais e que estariam dispostos a trabalhar por elas. Espero que possamos compilar essa tal lista, selecionando os nomes de maneira bastante cuidadosa e elaborando meios de manter contato constante com essas pessoas. Sobre a mesa, já coloquei um início de tal lista e espero que possam acrescentar-lhe os nomes que considerarem desejáveis, indicando com assinaturas quais das outras propostas desejam apoiar, e também talvez fazer-me saber em particular se quaisquer das pessoas que aparecem na lista não parecem adequadas para inclusão entre os membros de uma organização permanente. É provável que não devamos incluir nenhum nome a menos que receba apoio de dois ou três membros do grupo atual e pode ser desejável, mais tarde durante a conferência, criar uma pequena comissão de escrutínio para editar uma lista final. Suponho que todos os que foram convidados para esta conferência, mas que não puderam comparecer deveriam, obviamente, ser incluídos nessa lista.

Há, obviamente, muitas maneiras pelas quais tais podem ser proporcionados contatos regulares. Quando, em uma de minhas circulares, empreguei a de expressão de certa maneira exagerada de uma "Academia Internacional de Filosofia Política", quis enfatizar, pelo termo "Academia" um aspecto que parece-me essencial para que tal organização permanente possa cumprir com seu propósito: deve permanecer como uma sociedade fechada, não aberta para todos e de vários tipos, mas somente às pessoas que compartilham conosco de certas convicções comuns. Este caráter somente poderá ser preservado se a inclusão puder ser feita somente por eleição, e se tratarmos a admissão ao nosso círculo de maneira tão séria como ocorre nas grandes instituições acadêmicas. Não tive a pretensão de sugerir que devamos nos chamar de Academia. Caberá a vocês, se decidirem formar uma sociedade, escolher-lhe um nome. Tenho ficado atraído pela ideia de chamá-la de Sociedade Acton-Tocqueville[2] e alguém sugeriu que seria apropriado acrescentar Jakob Burckhardt (1818-1897) como um terceiro santo patrono. Entretanto, essa é uma questão que não precisamos levar em consideração neste estágio.

Além do ponto importante, tal como me parece, de que qualquer corpo permanente que viermos a formar deva ser uma sociedade fechada, não mantenho nenhuma posição forte a respeito de sua organização. Muito deve ser dito para conferir-lhe, primeiramente ao menos, a forma mais livre possível e torná-la, talvez, não mais do que um tipo de sociedade por correspondência em que a lista de membros não sirva a nenhum outro propósito além de permitir-lhes manter contato direto uns com os outros. Se fosse praticável, mas temo que não, fazer com que todos os membros proporcionem, uns aos outros, reimpressões ou cópias mimeografadas de seus

---

[2] Referência aos pensadores liberais e católico Alexis de Tocqueville (1805-1859) e Lorde Acton (1834-1902), sendo o primeiro fancês e o segundo inglês. (N. E.)

escritos relevantes, essa seria, de muitas maneiras, uma das coisas mais úteis que poderíamos fazer. Iria, por um lado, evitar o risco, que criaria um periódico especializado, de que possamos falar somente para os já convertidos, mas também, por outro lado, manter-nos-ia informados a respeito das atividades paralelas ou complementares dos demais membros. No entanto, os dois desideratos, que os esforços dos membros do nosso grupo devam alcançar uma grande variedade de audiências e não se confinar àqueles que já estão convertidos, e que, ao mesmo tempo, os membros do nosso grupo possam ser mantidos totalmente informados a respeito das contribuições dos demais, deveriam de alguma maneira ser reconciliadas, e deveríamos ao menos ter de considerar a possibilidade de, mais cedo ou mais tarde, lançar um periódico.

Pode acontecer, contudo, que, durante algum tempo, esse arranjo informal e solto, tal como o sugeri, seja tudo o que consigamos realizar, dado que mais do que isso demandaria mais recursos financeiros que teríamos de levantar a partir de nosso meio. Se houvesse mais fundos disponíveis, todos os tipos de possibilidades se abririam. Entretanto, por mais desejável que isso possa ser, devo contentar-me com esse início modesto se for tudo o que pudermos fazer sem, de qualquer modo, comprometer nossa completa independência.

Esta conferência, em si mesma, obviamente ilustra como a busca de nossos objetivos depende da disponibilidade de alguns meios financeiros e não podemos esperar ser com frequência tão afortunados tal como fomos desta vez ao assegurar-lhe os recursos necessários -, principalmente na Suíça e, no que diz respeito aos gastos de viagens dos membros norte-americanos, de fontes norte-americanas, sem quaisquer amarras ou condições atreladas à oferta. Desejo aproveitar explicitamente o mais cedo possível esta oportunidade para reassegurá-los a respeito deste ponto e, ao mesmo tempo, para dizer o quanto devemos ser gratos ao Dr. Hunold, que levantou os fundos suíços, e ao Sr. Harold W. Luhnow (1895-1978), do William Volker Charities Trust[3] em Kansas City, no estado de Missouri, que tornou possível a participação de nossos amigos norte-americanos, por sua ajuda com tudo isso. Ao Dr. Hunold, também devemos agradecer por todos os arranjos locais; e todos os agrados e confortos dos quais desfrutamos agora se devem a seus esforços e previsões.

Sinto que seria melhor se não nos voltássemos a qualquer discussão das questões práticas que mencionei até que estejamos muito mais familiarizados uns com os outros e tenhamos mais experiência a respeito das possibilidades de colaboração do que agora. Espero que possamos ter muitas conversas privadas sobre essas questões no transcurso dos próximos dias e que, durante esse tempo, nossas ideias cristalizem gradativamente. Quando, após três dias de trabalhos e mais três dias de interações mais informais, possamos retomar nossos encontros de negócios regulares, um desses encontros deveria provavelmente ser dedicado para um exame sistemático das possibilidades. Segurarei até então qualquer tentativa de justificar o nome que sugeri como tentativa para a Sociedade

---

[3] Referência à fundação de caridade William Volker Fund, sobre a qual apresentamos mais detalhes na nota de rodapé 61 no texto de Jörg Guido Hülsmann utilizado como apresentação dessa edição. Ver: "Ludwig von Mises e as Organizações Libertárias: Lições Estratégicas". p. XX. (N. E.)

permanente ou qualquer discussão dos princípios e objetivos que governarão suas atividades.

Por enquanto, somos apenas a Conferência Mont Pèlerin, para a qual teremos de proporcionar as próprias regras e cujo destino e procedimentos se encontram, agora, inteiramente em vossas mãos.

ANEXO III

Os valores centrais da civilização estão em perigo. Em amplas regiões da superfície da Terra, as condições essenciais de dignidade e de liberdade humana já desapareceram. Em outras, estão sob risco constante devido à evolução das tendências atuais nas políticas. A posição dos indivíduos e deste grupo voluntário vêm sendo constantemente debilitadas por causa de extensões do poder arbitrário. Mesmo aquilo que o homem ocidental tem de mais precioso, a liberdade de pensamento e de expressão, encontram-se ameaçadas pela difusão de credos que, reivindicando o privilégio da tolerância quando em situação minoritária, buscam apenas estabelecer uma posição de poder pelo qual possam suprimir e obliterar todos os pontos de vista que não sejam os seus.

Este grupo sustenta que esses desdobramentos têm sido alimentados pelo crescimento de uma perspectiva acerca da história que nega

Declaração de Objetivos da Sociedade Mont Pèlerin

todos os padrões morais absolutos, assim como pelo fortalecimento de teorias que questionam a desejabilidade do império da lei. Sustenta, ademais, que têm se nutrido de um declínio da crença na propriedade privada e no mercado competitivo; pois sem o poder difuso e a iniciativa associadas a tais instituições, é difícil imaginar uma sociedade na qual a liberdade possa, efetivamente, ser preservada.

Por acreditar que o que é essencialmente um movimento ideológico precisa vir acompanhado de embasamento intelectual e da reafirmação de ideais válidos, o grupo, ao realizar uma exploração preliminar do terreno, é da opinião de que são desejáveis estudos adicionais com relação às seguintes questões, entre outras coisas:

1) A análise e exploração da natureza da crise atual, de maneira que os demais possam perceber suas origens essencialmente morais e econômicas.

2) A redefinição das funções do Estado, de modo a poder distinguir mais claramente entre a ordem totalitária e a liberal.

3) Métodos para restabelecer o império da lei e assegurar seu desenvolvimento, para que indivíduos e grupos não possam usurpar a liberdade dos outros e os direitos privados não possam se tornar uma base para o poder predatório.

4) A possibilidade de estabelecer padrões mínimos por meios que não sejam antagônicos à iniciativa e funcionamento do mercado.

5) Métodos para combater a utilização equivocada da história em prol do avanço de credos hostis à liberdade.

6) O problema da criação de uma ordem internacional que possa conduzir à salvaguarda da paz e da liberdade, bem como permitir o surgimento de relações econômicas internacionais harmoniosas.

O grupo não pretende difundir propaganda. Não tem o propósito de estabelecer uma ortodoxia meticulosa e obstrutiva. Não se alinha a nenhum partido em particular. Seu objetivo é unicamente, ao facilitar a troca de pontos de vista entre mentes inspiradas por certos ideais e concepções comuns abrangentes, contribuir para a preservação e melhora da sociedade livre.

Mont Pèlerin, Vevey, Suíça, 8 de abril de 1947

POSFÁCIO À EDIÇÃO BRASILEIRA

Em sua célebre conferência intitulada *The Two Cultures* [*As Duas Culturas*], proferida em 1959, o físico-químico e romancista inglês Charles Percy Snow (1905-1980) expõe de maneira contundente o analfabetismo científico de muitos representantes das áreas humanísticas (e do qual inclusive muitos se orgulham). Ao mesmo tempo em que se apressam em caracterizar alguns cientistas profissionais e matemáticos como "obtusos", pois muitas vezes desconhecem certas minúcias filosóficas, artísticas ou teológicas, mostram-se incapazes de descrever o conteúdo de coisas tão elementares como a Segunda Lei da Termodinâmica, que Snow utiliza como exemplo do equivalente científico de ter lido alguma obra de William Shakespeare (1564-1616)[1].

---

[1] SNOW, Charles Percy. *The Two Cultures*. Cambridge: Cambridge University Press, 1998.

A Evolução da Propriedade como Instituição Fundamental da Modernidade

Claudio A. Téllez-Zepeda

Uma de minhas preocupações mais constantes é o abismo criado entre as "duas culturas" de Snow. É perfeitamente possível – e, em certa medida, desejável – para um cientista ter uma sólida formação humanística. Da mesma forma, profissionais das áreas humanísticas poderiam robustecer mais sua bagagem científica, principalmente caso tenham a pretensão de abordar temas dessa natureza. Enfim, a ignorância científica é um problema gigantesco e considero que não devemos medir esforços para combatê-la, pois é graças a ela que se criam as condições ideais para a manipulação ideológica.

Meu objetivo, neste breve ensaio, é utilizar uma perspectiva evolutiva para discutir a origem da propriedade como instituição fundamental da modernidade. Na seção seguinte, abordarei o tema específico da propriedade. Nesta introdução, limitar-me-ei a apontar algumas direções que serão desenvolvidas.

Em primeiro lugar, é importante esclarecer que, para meus propósitos analíticos, baseio-me na definição fornecida por Christian Reus-Smit, um acadêmico do campo teórico das Relações Internacionais, que entende as instituições fundamentais como entidades que abrangem as práticas institucionais mais profundas que proporcionam uma estrutura para a sociedade internacional[2]. Obviamente, por ser acadêmico de Relações Internacionais, a preocupação de Reus-Smit é com a sociedade internacional. Da mesma forma, autores como Hans Morgenthau (1904-1980) e Robert Keohane consideram que as instituições fundamentais participam da construção da arquitetura normativa da política internacional moderna[3], e que os processos por intermédio dos quais tanto as instituições fundamentais quanto as práticas institucionais básicas são constituídas contribuem para a conformação normativa da dinâmica da política internacional.

É possível, no entanto, e esse terá de ser, obviamente, meu objetivo aqui, conferir às instituições fundamentais um caráter mais geral e não limitado aos estudos internacionais[4].

---

[2] REUS-SMIT, Christian. "The Constitutional Structure of International Society and the Nature of Fundamental Institutions". *International Organization*, Volume 51, Number 4 (1997): 555-89. Cit. p. 555.

[3] MORGENTHAU, Hans J. "Positivism, Functionalism, and International Law". *The American Journal of International Law*, Volume 34, Number 2 (1940): 260-84; KEOHANE, Robert O. "International Institutions: Two Approaches". *International Studies Quarterly*, Volume 32, Number 4 (1988): 379-96 [KEOHANE *apud* REUS-SMIT, Christian. *The Moral Purpose of the State: Culture, Social Identity, and Institutional Rationality in International Relations*. Princeton: Princeton University Press, 1999].

[4] O que pode parecer paradoxal, dado que alguém poderia considerar as questões domésticas como pertencentes a um subconjunto próprio das questões inter-

Em meu entendimento, instituições fundamentais proporcionam princípios ordenadores universais fundamentais para as relações políticas e sociais. Por "universal", aqui, é importante esclarecer que a referência é à totalidade ou quase totalidade do contexto social sob investigação.

Dessa maneira, é possível argumentar que as instituições fundamentais de certa maneira funcionam como sustentáculo da vida social e política. Não há tecido social sem instituições fundamentais, dado que proporcionam os arcabouços cognitivo e normativo que tornam possíveis as interações sociais. Recorro, aqui, a Max Weber (1864-1920), para quem as ações sociais são ações subjetivamente orientadas. Podem até mesmo não ser racionais, porém envolvem expectativas visto que pretendem modificar o comportamento de outros[5]. Ora, sem um marco cognitivo adequado que sustente essas expectativas, os atores sociais não teriam motivação para realizar ações sociais.

Essa é, também, a percepção de alguns autores contemporâneos, tais como o cientista político Robert Axelrod, para quem as instituições (de modo geral) nos permitem enfrentar melhor a "sombra do futuro"[6]. Defendo que isso vale também para as ins-

---

nacionais. Cabe esclarecer, somente, que a política internacional não é a política doméstica em escala maior e que possui especificidades que lhe garantem autonomia enquanto objeto de investigação.

[5] WEBER, Max. *Economy and Society: An Outline of Interpretive Sociology*. Berkeley: University of California Press, 1974. Part One: Conceptual Exposition.

[6] De Robert Axelrod, remeto o leitor a dois livros: o primeiro e mais conhecido é: AXELROD, Robert. *The Evolution of Cooperation*. New York: Basic Books, 2006 [1984]. Nessa obra, o autor praticamente inaugura os estudos da cooperação social e política com base em princípios evolutivos. O segundo livro é: AXELROD, Robert. *The Complexity of Cooperation: Agent-Based Models of Competition and*

tituições fundamentais, que possibilitam a vida social e política porque podem ser consideradas como conjuntos de crenças, normas, regras e valores compartilhados, tácitos ou não, que conferem um certo grau de previsibilidade às relações humanas. Ao contribuírem para a diminuição da incerteza, as instituições fundamentais permitem ampliar o horizonte temporal das decisões e dos processos de realização de escolhas, favorecendo, dessa maneira, o estabelecimento de laços sociais. A importância disso para a vida econômica, em particular, é imediata: sem um arcabouço claro no qual podemos saber minimamente o que esperar de uma transação, a incerteza genuína – presente, em certo grau, em toda ação econômica – assume uma dimensão insustentável. Assim, as instituições fundamentais constituem um marco cognitivo que ajuda a domesticar a incerteza (embora não a elimine por completo) e a lubrificar transações e intercâmbios de várias naturezas.

Um dos propósitos deste ensaio, inspirado em parte nas percepções de Robert Axelrod, mas também na exortação de C. P. Snow, é desenvolver o argumento de que as instituições fundamentais se baseiam em processos evolutivos. Afinal de contas, nossa própria sobrevivência enquanto espécie depende

---

Collaboration. Princeton: Princeton University Press, 1997. Trata-se de uma obra de caráter um pouco mais técnico, na qual o autor discute parte do arsenal matemático e computacional (das ciências da complexidade) que lhe permite fazer uma defesa consistente de uma terceira abordagem para a prática científica: enquanto a indução busca padrões a partir dos dados empíricos e a dedução parte de axiomas para demonstrar consequências necessariamente decorrentes desses pressupostos, a modelagem baseada em agentes combina aspectos indutivos e dedutivos para estudar as assim chamadas "propriedades emergentes", que são os efeitos que aparecem na larga escala das interações locais entre agentes individuais.

de uma certa estabilidade com respeito às expectativas. Sob uma perspectiva evolutiva, as instituições fundamentais são importantes não somente porque proporcionam coesão e firmeza para o tecido social, mas também porque, sem elas, dificilmente teríamos sobrevivido às condições ambientais do Paleolítico.

Assim, lido com o tema mais específico da origem (evolutiva) das instituições fundamentais e devo ressaltar os posicionamentos de outros autores do campo teórico das Relações Internacionais, tais como Nicholas Onuf[7] e Alexander Wendt[8], que partem do conceito construtivista de co-constituição para defender que as instituições não são nem totalmente o produto da emergência espontânea, nem completamente decorrentes do design deliberado[9]. De acordo com Reus-Smit, *"temos poucos resultados a respeito da origem das inovações institucionais e dos limites da adaptação institucional em contextos históricos particulares"*[10]. Considero que, a partir de uma abordagem evolutiva, essa lacuna pode ser preenchida de maneira mais satisfatória. Já temos, na verdade, estudos

---

[7] ONUF, Nicholas. "Institutions, intentions and international relations". *Review of International Studies*, Volume 28, Number 2 (2002): 211-28.

[8] WENDT, Alexander. "Driving with the Rearview Mirror: On the Rational Science of Institutional Design". In: KOREMENOS, Barbara ; LIPSON, Charles & SNIDAL, Duncan (Eds.). *The Rational Design of International Institutions*. New York: Cambridge University Press, 2004. p. 259-89.

[9] É importante observar, aqui, que o economista austríaco F. A. Hayek (1899-1992) entende por "construtivista" a segunda posição rejeitada por Nicholas Onuf e por Alexander Wendt. Também é importante notar que Hayek, em seus estudos sobre a evolução de culturas e sociedades, aproxima-se da primeira posição rejeitada por esses autores.

[10] REUS-SMIT. "The Constitutional Structure of International Society and the Nature of Fundamental Institutions". *Op. cit.*, p. 557.

que lidam com o tema das instituições sob perspectiva evolutiva, como por exemplo as pesquisas de Ulrich Witt a respeito da propagação institucional através da difusão e imitação[11] e os trabalhos de H. Peyton Young sobre a autoafirmação de convenções e o papel que as instituições desempenham na relação entre as estratégias individuais e a estrutura social[12]. Dentro das diversas abordagens evolutivas para o estudo de temas sociais, é importante também destacar os trabalhos do filósofo Brian Skyrms, que utiliza a teoria dos jogos evolutivos para analisar a evolução do contrato social e a evolução de convenções a respeito de significados[13].

Na seção seguinte, discutirei as razões que levam-me a caracterizar a propriedade como instituição fundamental da modernidade. A seguir, apresentarei os elementos fundamentais para uma abordagem evolutiva para a propriedade. Finalizarei com minhas conclusões.

I - A Instituição Fundamental da Propriedade

Conforme esclareci na seção anterior, meu interesse específico está na origem e evolução da propriedade como

---

[11] WITT, Ulrich. "The Evolution of Economic Institutions as a Propagation Process". *Public Choice*, Volume 6 (1989): 155-72.

[12] YOUNG, H. Peyton. "The Evolution of Conventions". *Econometrica*, Volume 61 (1991): 76-77; Idem. *Individual Strategy and Social Structure: An Evolutionary Theory of Institutions*. Princeton: Princeton University Press, 1998.

[13] SKYRMS, Brian. *Evolution of the Social Contract*. Cambridge: Cambridge University Press, 1996. p. 102-04; Idem. *The Stag Hunt and the Evolution of Social Structure*. Cambridge: Cambridge University Press, 2004. p. 6-9.

instituição fundamental da modernidade. Mais do que proporcionar um direito sobre as coisas, a propriedade pode ser entendida como uma maneira de definir e estabelecer relações entre indivíduos (relações sociais). De acordo com Carol M. Rose: *"meu direito sobre esta coisa não é tanto sobre controlar a 'coisa' quanto o é a respeito de minha relação para com você e para com todos os demais no mundo"*[14]. É por causa disso que a propriedade pode ser vista como um fenômeno social e as relações de propriedade como relações sociais. A propriedade satisfaz à definição de instituição fundamental que proporcionei anteriormente porque, tal como colocado pelo antropólogo e arqueólogo A. Irving Hallowell (1892-1974), compreende *"o padrão dos direitos, deveres, privilégios, poderes, etc., que controlam o comportamento dos indivíduos ou dos grupos uns com relação aos outros e com a custódia, posse, utilização, gozo, disposição, etc., das diversas classes de objetos"*[15].

Assim, interpreto a propriedade como uma instituição (fundamental) que realiza a mediação das relações entre agentes sociais ao proporcionar um princípio ordenador universal que desempenha o papel de marco cognitivo e normativo para as relações sociais e políticas que dizem respeito à posse.

Enfrento, aqui, a seguinte interrogação: *como a propriedade se originou como instituição fundamental no início da modernidade?* É importante esclarecer que lido com a propriedade exclusivamente como instituição fundamental, e não

---

[14] ROSE, Carol M. *Property & Persuasion: Essays on the History, Theory, and Rhetoric of Ownership*. Boulder: Westview Press, 1994. p. 27-28.

[15] HALLOWELL, A. Irving. *Culture and Experience*. Philadelphia: University of Pennsylvania Press, 1974. p. 239.

com a propriedade privada, com os direitos de propriedade ou com a propriedade dos meios de produção (e suas críticas). De fato, a instituição da propriedade pode ser considerada como anterior e mais fundamental do que a propriedade privada. De acordo com Laura Brace: *"a propriedade requer um domínio público de relações sociais e o pertencimento a uma comunidade imaginada antes que possa funcionar no privado"*[16]. Ademais, mesmo quando a expressão "propriedade privada" aparece em textos medievais ou do início da modernidade, não é no mesmo sentido das críticas sociais e econômicas do século XIX, baseadas em uma ontologia materialista. Também diferencio explicitamente entre propriedade e direitos de propriedade. Por "propriedade", refiro-me à instituição fundamental moderna que proporciona um princípio ordenador universal para relações sociais e políticas. Por "direitos de propriedade", entendo as *práticas institucionais* relacionadas que proporcionam o direito a participar de intercâmbios.

Tampouco lido, aqui, com a relação entre propriedade e soberania estatal, por mais importante que essa relação possa ser para o estudo da constituição da modernidade política. De acordo com Kurt Burch, *"como um direito de propriedade, a soberania é o mais elevado e mais completo direito à posse (dominium); combina ao mesmo tempo o título perfeito e a possessão"*[17]. É importante observar que, pelo meu entendimento de direitos de propriedade como práticas institucionais relacionadas

---

[16] BRACE, Laura. *The Politics of Property: Labour, Freedom, and Belonging*. New York: Palgrave Macmillan, 2004. p. 6.

[17] BURCH, Kurt. *"Property" and the Making of the International System*. London: Lynne Rienner, 1998. p. 145.

à instituição fundamental da propriedade, a caracterização de Burch da soberania como um direito de propriedade expressa a subordinação da própria ideia de soberania à instituição mais fundamental da propriedade. Reconheço, no entanto, que um tratamento abrangente da propriedade como instituição fundamental da modernidade *política* deveria contemplar sua relação com a soberania e enfrentar a questão de como a evolução da propriedade ocorre em paralelo com a evolução da soberania moderna. Neste ensaio, dissocio explicitamente a propriedade de outras instituições fundamentais, caso contrário o trabalho assumiria uma envergadura que transcenderia aos propósitos deste texto. Também é importante notar que a relação entre propriedade e soberania não é incontestada. De acordo com L. Benjamin Ederington, que estuda a propriedade sob o prisma da lei natural, *"direitos de propriedade são fundamentalmente independentes da soberania estatal e, portanto, mudanças (ou mesmo a completa ausência) da soberania ou do governo não os afetam"*[18].

Na realidade, estudar a origem da propriedade como instituição fundamental moderna consiste em lidar com a questão da mudança institucional gradativa. De acordo com Bruce Bueno de Mesquita, a introdução de direitos de propriedade específicos foi essencial no processo que deu início ao declínio do feudalismo e que culminou no advento da modernidade política[19].

---

[18] EDERINGTON, L. Benjamin. "Property as a Natural Institution: The Separation of Property from Sovereignty in International Law". *American University International Law Review*, Volume 13, Number 2 (1997): 263-331. Cit. p. 265
[19] BUENO DE MESQUITA, Bruce. "Popes, Kings, and Endogenous Institutions: The Concordat of Worms and the Origins of Sovereignty". *International Studies Review*, Volume 2, Number 2 (2000): 93-118. Cit. p. 94

Mesmo considerando os direitos de propriedade como práticas institucionais relacionadas à instituição fundamental da propriedade, sua origem não ocorre *ex nihilo*. Outros conceitos de propriedade existiam antes do advento da modernidade, porém a transição a partir do período medieval compreende especificidades que permitem considerar a propriedade *moderna* como uma instituição particular. Quando afirmo que a propriedade é uma instituição fundamental porque confere uma ordem às relações sociais e políticas, já expresso uma diferença entre as instituições modernas e medievais. Em contraste com uma ordem universal dada "do alto" e estabelecida em sua essência nos meandros da razão divina, as instituições modernas geram uma ordem dinâmica, antiessencialista e continuamente sujeita a mudanças – ou melhor, a adaptações.

Pode-se observar que, nos séculos XIV e XV, já havia uma concepção de propriedade semelhante à sua expressão moderna posterior. Isso ocorreu nas cidades italianas de Florença, Veneza e Gênova, de onde podemos traçar a origem de práticas bancárias modernas tais como empréstimos a longo prazo com taxas de juros para financiar guerras e práticas mercantis internacionais[20]. É pertinente observar, no entanto, que essas cidades italianas eram muito diferentes do resto da Europa feudal. Emergiram como cidades-estados independentes

---

[20] A este respeito, remeto o leitor a DAVIES, Glyn. *A History of Money: From Ancient Times to the Present Day*. Cardiff: University of Wales Press, 2002. p. 220. Também é importante atentar para a obra: HUERTA DE SOTO, Jesús. *Money, Bank Credit, and Economic Cycles*. Auburn: Ludwig von Mises Institute, 2009.

que podiam ser praticamente consideradas como repúblicas baseadas no comércio e outras práticas mercantis[21].

Ao mesmo tempo, o escolasticismo tardio no Renascimento começou na Península Ibérica no início do século XVI e inspirou um reavivamento escolástico no norte da Europa no final do século XVI e início do século XVII[22]. Esse movimento intelectual foi articulado em torno do conceito aristotélico-tomista de Lei Natural, um princípio normativo de acordo com o qual, a grosso modo, tudo o que existe no cosmos apresenta uma finalidade (*telos*). Essa ordem normativa se expressa em um entrelaçamento da lei e da moral no entendimento de que a humanidade se encontra sujeitada a uma lei moral divina[23]. Nesse arcabouço, a propriedade era considerada como inalienável ou, no máximo, como não alienável *livremente* (no sentido de desempenhar um papel social de certo modo fixado pela ordem natural das

---

[21] Uma discussão detalhada se encontra em: SKINNER, Quentin. *The Foundations of Modern Political Thought, Volume 1: The Renaissance*. Cambridge: Cambridge University Press, 2002. p. 69. Ver, também: SPRUYT, Hendrik. *The Sovereign State and Its Competitors: An Analysis of Systems Change*. Princeton: Princeton University Press, 1996; ONUF, Nicholas. *The Republican Legacy in International Thought*. Cambridge: Cambridge University Press, 1998.

[22] TRENTMAN, John A. "Scholasticism in the Seventeenth Century". In: KRETZMANN, Norman ; KENNY, Anthony ; PINBORG, Jan & STUMP, Eleonore (Eds.). *The Cambridge History of Later Medieval Philosophy: From the Rediscovery of Aristotle to the Disintegration of Scholasticism, 1100-1600*. Cambridge: Cambridge University Press, 1982. p. 818-37. Cit. p. 818.

[23] WILSON, Catherine. "From Limits to Laws: The Construction of the Nomological Image of Nature in Early Modern Philosophy". In: DASTON, Lorraine & STOLLEIS, Michael (Eds.). *Natural Law and Laws of Nature in Early Modern Europe: Jurisprudence, Theology, Moral and Natural Philosophy*. Farnham: Ashgate, 2008. p. 13-28. Cit. p. 21

coisas estabelecida no momento da "criação"; ou seja, trocas e transações realmente ocorriam, mas a propriedade estaria sempre relacionada a outros propósitos morais em vez do mero autointeresse). Como o escolasticismo já se encontrava em declínio no Renascimento Italiano[24] e as cidades italianas receberam pouca ou nenhuma influência do escolasticismo ibérico tardio, tampouco experimentaram o conceito de propriedade inalienável. Os italianos do renascimento possuíam um conceito de propriedade mais flexível, como algo que poderia ser intercambiado livremente – e aqui temos o núcleo conceitual que estabelece a distinção entre a propriedade pré-moderna e moderna.

Defendo, portanto, que a evolução da propriedade *moderna* é um reflexo da transição das condições da lei natural no início da modernidade[25]. Isso significa que, no cerne do surgimento da propriedade moderna, ocorreu um embate intelectual entre o escolasticismo e o humanismo em torno do conceito de lei natural. No que diz respeito ao tema específico da propriedade, a disputa renascentista entre escolásticos e humanistas pode ser considerada como a continuação da controvérsia entre o papa João XXII (1249-1334), para quem a propriedade resultava da lei divina positiva, e Gui-

---

[24] MAKDISI, George. "Scholasticism and Humanism in Classical Islam and the Christian West". *Journal of the American Oriental Society*, Volume 109, Number 2 (1989): 175-82. Cit. p. 175.

[25] Uma época histórica repleta de controvérsias e imprecisões conceituais, diga-se de passagem. Talvez seja adequado dizer, aqui, que o início da modernidade corresponde, nas ciências naturais, ao complicado "limite semiclássico" entre a mecânica newtoniana e a física quântica.

lherme de Ockham (1285-1347), para quem decorria da lei humana positiva[26].

Entretanto, o conceito renascentista de propriedade é incompleto porque ainda não havia uma distinção clara entre ativos fungíveis e conversíveis, e a propriedade fixa. As interpretações escolásticas com respeito à lei natural atribuíam um caráter inalienável à propriedade, que era vista como parte de um conjunto de arranjos futuros. Por outro lado, a propriedade moderna se articula em torno da ideia de trocas livres e voluntárias (alienabilidade). Assim, é razoável supor que a evolução da propriedade como instituição moderna ocorreu durante o processo que estabeleceu uma discriminação clara entre a inalienabilidade escolástica natural e a propriedade socialmente contingente do humanismo (livremente alienável e intercambiável, desconectada de quaisquer princípios morais transcendentes).

Examinando o contexto intelectual do início da modernidade em uma perspectiva mais ampla, pode-se notar que Hugo Grotius (1583-1645) estava *"simplesmente combinando as ideias dos juristas e teólogos medievais"*[27] e que seu entendimento a respeito da propriedade ainda estava conectado ao conceito medieval de lei natural. Para Grotius, *"antes da sociedade civil, há uma forma natural de propriedade regulada*

---

[26] GILBERT, Jerémie. *Indigenous People's Land Rights under International Law: From Victims to Actors.* Ardsley: Transnational Publishers, 2006.

[27] KILCULLEN, John. "The Origin Of Property: Ockham, Grotius, Pufendorf". In: KILCULLEN, John & SCOTT, John. *A Translation of William of Ockham's Work of Ninety Days, Volume 2.* Lewiston: Edwin Meller Press, 2001.

pela lei natural"[28]. Em John Locke (1632-1704), entretanto, os direitos de propriedade são claros e a livre alienabilidade da propriedade, no sentido moderno, já está estabelecida (como fica claro mesmo com respeito ao trabalho). Isso indica que a origem da instituição fundamental da propriedade moderna deve ter ocorrido em algum momento entre Grotius, escrevendo em 1628, e Locke, escrevendo em 1690. Trata-se de dois pensadores do início da modernidade que lidaram com entendimentos distintos da Lei Natural.

Entre Grotius e Locke, a figura chave que levantou a ideia dos intercâmbios livres é Samuel Pufendorf (1632-1694), que realiza uma transição da Lei Natural como conjunto de princípios que sustentavam uma ordem estratificada para os direitos naturais que se expressam em um igualitarismo conceitual. Trata-se de um passo crucial para o desenvolvimento da noção moderna dos direitos – inclusive o direito a alienar a propriedade. Considerando toda a propriedade como instituição humana, Pufendorf proporciona à igualdade uma função social que possibilitou a transição da ideia pré-moderna de propriedade inalienável para a propriedade moderna como princípio ordenador universal que assegura a possibilidade de realizar trocas de propriedade entre agentes que têm o direito de se envolver nessas trocas em uma base igual[29].

---

[28] BOUCHER, David. *The Limits of Ethics in International Relations: Natural Law, Natural Rights and Human Rights in Transition*. Oxford: Oxford University Press, 2009. p. 10.

[29] PUFENDORF, Samuel. "On the Law of Nature and of Nations in Eight Books". In: CARR, Craig L. (Ed.). *The Political Writings of Samuel Pufendorf*. New York: Oxford University Press, 1994. p. 95-268.

No início do século XVII, a liberdade já estava estabelecida visto que não havia mais servidão (no sentido feudal), pelo menos na Europa Ocidental. Porém a igualdade não estava estabelecida ainda. Defendo que o surgimento de um direito igual para todas as pessoas de se engajarem em trocas é uma característica particular do mundo moderno – e é o que torna a propriedade possível. No cerne da evolução da propriedade moderna, há uma conjunção entre *liberdade e igualdade*, isto é, os agentes devem ser livres para poder participar voluntariamente de negociações, e, ao mesmo tempo, devem ser reconhecidos como iguais diante da articulação dos direitos de propriedade para realizar as trocas. É esse reconhecimento que desempenha uma função constitutiva para os indivíduos, sociedades e relações sociais e políticas na modernidade[30]. Assim, a condição para que a propriedade possa se tornar uma instituição (fundamental) é a existência de um marco normativo que envolve a liberdade e a igualdade – operando em diversos níveis. Quando descrevo a propriedade como instituição fundamental, quero dizer que é fundamental somente no contexto desse marco.

É a partir da análise de alguns teóricos políticos do início da modernidade, como Hugo Grotius, Samuel Pufendorf e John Locke, que desenvolverei meu argumento de que o próprio conceito de propriedade passou por mudanças significativas nesse período. Isso reflete um processo evolutivo dinâmico no qual a instituição da propriedade começou a assumir

---

[30] ONUF, Nicholas. "Recognition and the Constitution of Epochal Change". *International Relations*, Volume 27, Number 2 (2013): 121-40.

sua forma moderna. Na realidade, a evolução da propriedade como instituição fundamental moderna ocorreu no marco do processo histórico-cognitivo que estabeleceu uma clara ruptura entre a inalienabilidade natural escolástica e a propriedade material contingente humanista (alienável e totalmente intercambiável). É pertinente observar o desenvolvimento da historicidade (tempo histórico humano) e seu papel no processo evolutivo com respeito à relação entre os sujeitos do início da modernidade e os constrangimentos institucionais colocados pelo conhecimento da propriedade. Em outras palavras, é necessário *"isolar conjuntos estáveis de condições que estabeleçam limites ao que seres humanos específicos podem fazer de suas experiências e como o fazem"*[31].

Em outras palavras, as mudanças evolutivas que resultaram na origem da instituição da propriedade moderna vieram acompanhadas por um processo de mudanças nos significados e ideias políticas do período. Uma das primeiras diferenças, no caso específico da propriedade, pode ser descrita como:

> [...] a propriedade era considerada, tradicionalmente, como uma instituição não natural neste sentido, porém nenhum escolástico deste período colocava em dúvida a legitimidade da propriedade como uma instituição. Sem embargo, o conceito de lei natural ainda podia proporcionar critérios, formulados em termos de propósitos gerais, ou legitimar justificativas, em termos

---

[31] ONUF, Nicholas. "'Modern Order/Disorder': Notes for a Future Archeologist". In: MARLIN-BENNETT, Renee. (Ed.). *Alker and IR: Global Studies in an Interconnected World*. London / New York: Routledge, 2012. p. 111.

das quais as instituições não naturais, tais como a propriedade, poderiam estar sujeitas a algum tipo de crítica moral[32].

Enquanto esse entendimento a respeito da propriedade estava presente em autores tais como o teólogo Guilherme de Auxerre (1145-1231) – que exerceu importante influência sobre Santo Tomás de Aquino (1225-1274) –, que afirmou que a propriedade *"não era um preceito da lei natural de por si, mas somente de acordo com alguma qualificação"*[33], outros autores, tais como Santo Alberto Magno (1193-1280) lidavam com a complexidade da lei natural sob contingências diferentes para defender que *"a posse comum de todas as coisas e a propriedade de algumas coisas derivam, ambas, da lei natural, porque os princípios da lei não são os mesmos"*[34].

Na igreja mais antiga, a atitude para com a propriedade compreendia preceitos de solidariedade e caridade. São Gregório de Nissa (335-394), no século IV, defendeu a proposta de que o homem nunca seria o verdadeiro proprietário de coisa alguma e nem poderia reivindicar um *ius utendi and abutendi* ilimitado sobre os bens terrenos[35]. Também no século IV, Santo Ambrósio (340-397), argumentou que todas as possessões devem ser mantidas em conjunto com o man-

---

[32] PORTER, Jean. *Nature as Reason: A Thomistic Theory of the Natural Law*. Grand Rapids: Eerdmans, 2005. p. 21.

[33] AUXERRE *apud* PORTER. *Nature as Reason. Op. cit.*, p. 21.

[34] ALBERT THE GREAT *apud* PORTER. *Nature as Reason. Op. cit.*, p. 22.

[35] CHROUST, Anton-Hermann & AFFELDT, Robert J. "The Problem of Private Property According to St. Thomas Aquinas". *Marquette Law Review*, Vol. 34, No. 3 (1950): 151-182. Cit. p 168.

dato divino; entretanto, os homens se rebelaram e, da *prima avaritia*, resultaram tanto a lei privada quanto a propriedade privada. De acordo com Santo Ambrósio, "*na medida em que justificamos a propriedade privada, destruímos a solidariedade de todas as possessões*"[36].

Um posicionamento mais prático a respeito da propriedade surgiu somente com a redescoberta dos trabalhos de Aristóteles (384-322 a.C.) no século XIII. Em vez de se concentrarem na propriedade como objeto de crítica, agora o juízo moral deveria recair sobre os motivos que levavam à aquisição da propriedade. De acordo com Anton-Hermann Chroust (1907-1982) e Robert J. Affeldt (1921-2005):

> Este ponto de vista prático-social encontrou apoio adicional nos recém redescobertos escritos aristotélicos sobre a política e a ética, e os diversos comentários a essas obras de Aristóteles produzidos durante o século XIII. Foi a atitude prática de Aristóteles com respeito à propriedade privada e à sua importância social dentro de uma organização social existente que determinou, ao menos teoricamente, a nova atitude escolástica com relação ao problema da propriedade privada e riqueza privada[37].

Santo Tomás de Aquino avança a posição escolástica sobre a propriedade entrando na discussão sobre os direitos à propriedade. Argumenta que a natureza das coisas externas

---

[36] AMBROSE *apud* CHROUST & AFFELDT. "The Problem of Private Property According to St. Thomas Aquinas". *Op. cit.*, p. 174.
[37] CHROUST & AFFELDT. "The Problem of Private Property According to St. Thomas Aquinas". *Op. cit.*, p. 176.

se encontra sujeitada somente ao poder de Deus, porém com relação à propriedade dessas coisas, *"a pessoa humana tem uma propriedade [dominium] natural das coisas externas, pois por intermédio de sua razão e vontade é capaz de usá-las para seu próprio benefício, como se tivessem sido feitas para ele, dado que as coisas mais imperfeitas sempre existem para o bem das mais perfeitas"*[38]. Entretanto, ao mesmo tempo em que estabelece um direito natural à propriedade sobre as coisas externas, Santo Tomás de Aquino também coloca algumas limitações que emanam dos princípios naturais. O direito humano não pode ser um impedimento ao direito natural ou divino, de acordo com o qual as coisas inferiores (materiais e externas) se encontram subordinadas ao alívio das necessidades humanas básicas, em particular em situações extremas. Nesses casos, a distribuição e apropriação das coisas de acordo com o direito humano fica em segundo plano diante de necessidades que *"precisam ser aliviadas [...] quando alguém pode, licitamente, tomar as coisas de outro para aliviar sua necessidade, seja abertamente, seja em segredo"*[39].

A percepção do Aquinate sobre a propriedade é pertinente para esta discussão porque o conceito de lei natural do início da modernidade – e sua relação com o tema da propriedade – foi diretamente influenciado por Santo Tomás de Aquino, que tentou reconciliar uma atitude realista e prática (aristotélica) para com a propriedade com a postura idealista

---

[38] AQUINAS *apud* PORTER. *Nature as Reason. Op. cit.*, p. 22.
[39] Idem. *Ibidem.*, p. 23.

(patrística e estoica) de que a propriedade e a posse seriam comuns a toda a humanidade[40].

É importante notar que o Aquinate viveu em uma era socioeconômica nova durante a Idade Média. O feudalismo agrário estava sendo gradativamente substituído pela urbanização crescente e relações comerciais estavam ganhando impulso[41]. Assim, embora o Aquinate ainda estivesse influenciado pelos escritos dos primeiros autores da Patrística a respeito da propriedade, também era o representante de uma nova era e, no que diz respeito aos novos problemas sociais do século XIII, afastou-se das perspectivas do passado. Assim, desenvolveu um ponto de vista de acordo com o qual a posse de todas as coisas comuns emanava da lei natural, porém as distinções entre as posses *"eram elaboradas pela razão humana para o benefício da vida humana"*[42]. Assim, Santo Tomás de Aquino considerava que a posse de propriedade era necessária por razões práticas, isto é, porque essa posse promovia ordem em vez de confusão e paz na medida em que a ausência da divisão das coisas possuídas tendia a fomentar disputas. Entretanto, o direito de uso dos bens deveria estar a serviço do bem comum[43]. O teólogo reconheceu que a transferência

---

[40] CHROUST & AFFELDT. "The Problem of Private Property According to St. Thomas Aquinas". *Op. cit.*, p. 151.

[41] SHILLINTON, V. M.; CHAPMAN, A. B. W. *The Commercial Relations of England and Portugal*. Abingdon: Routledge, 2006. p. 28

[42] AQUINAS *apud* CHROUST & AFFELDT. "The Problem of Private Property According to St. Thomas Aquinas". *Op. cit.*, p. 180.

[43] DOUGHERTY, Richard J. "Catholicism and the Economy: Augustine and Aquinas on Property Ownership". *Journal of Markets & Morality*, Volume 6, Number 2 (2003): 479-95. Cit. p. 487-88.

de propriedade não era proibida pela Lei Divina e de fato poderia ocorrer de diversas maneiras, como por exemplo por intermédio da compra e da venda, mas também por empréstimos, depósitos e alugueis. No entanto, os princípios operacionais que diziam respeito à propriedade e à transferência sempre deveriam estar subordinados a uma finalidade moral, tal como a promoção da caridade[44].

A defesa que o Aquinate elaborou do direito dos homens de se apossarem das coisas externas não implica no direito de uso sem intenção caritativa com respeito aos outros. A possessão está, portanto, ligada ao uso, mas não a qualquer tipo de uso, mas sim ao uso para o bem comum e sob os preceitos morais da cristandade. O ponto de vista de Aquino é bem diferente da concepção lockeana moderna de propriedade, que inclui o direito de exploração e de transferência principalmente para satisfazer aos interesses do indivíduo.

Seguindo os ensinamentos de Santo Tomás de Aquino, os representantes da Escola de Salamanca sustentavam que a propriedade estava fundamentada no domínio sobre as coisas, porém não seria um domínio absoluto (prerrogativa exclusiva de Deus). A propriedade era considerada, então, como *"tema da Lei Natural"*, na medida em que *"bens são distribuídos e seus proprietários têm domínio sobre eles, mas é um domínio destinado a uma função social"*[45].

---

[44] Idem. *Ibidem*, p. 488.
[45] MELÉ, Domènec. "Early Business Ethics in Spain: The Salamanca School (1526-1614)". *Journal of Business Ethics*, Volume 22, Number 3 (1999): 175-89. Cit. p. 182.

A influência tomista sobre a Escola de Salamanca reconhecia a justiça e mesmo a necessidade da propriedade para razões de ordem social, não somente a partir de um embasamento teológico referente à moralidade humana em geral, mas essencialmente a partir da necessidade de um marco filosófico sólido para sustentar certas normas morais[46]. Mais do que uma capacidade de julgamentos morais, a lei natural entre na modernidade como uma fonte de regras de conduta específicas. As diversas teorias da lei natural que apareceram no início da modernidade enfatizavam diferentes aspectos com respeito à razão e natureza. Mesmo assim, conforme observado pela professora Jean Porter:

> [...] essas teorias se encontram unidas – e distinguidas da abordagem escolástica medieval – pela sua insistência em que a lei natural pode ser idealmente expressada em termos de um conjunto de normas morais derivadas de um ou de uns poucos primeiros princípios, como dados pela natureza em um sentido amplo, ou pelas exigências da própria razão prática[47].

Uma das principais razões para a transição entre a lei natural medieval escolástica e a do início da modernidade foi a necessidade de proporcionar um marco firme para as normas morais. É verdade que o contexto social dos séculos XII e XIII, quando a filosofia/teologia escolástica floresceu, foi uma época de rápidas mudanças sociais e de aparecimento de

---

[46] PORTER. *Nature as Reason*. Op. cit., p. 28.
[47] Idem. *Ibidem.*, p. 28.

novas instituições. O contraste com o início da modernidade foi que, mesmo diante dessas transformações, havia um consenso relativo a respeito dos comprometimentos teológicos e morais[48]. Já no início da modernidade, não tivemos apenas mudanças sociais rápidas e a expansão das sociedades europeias para o mundo extra-europeu[49], com o desenvolvimento concomitante de novas instituições; as próprias bases teológicas da cristandade estavam sob revisão e disputa. Assim, regras morais específicas e normas práticas eram necessárias para garantir a continuidade e estabilidade da vida social e política (na medida do possível).

Nesse contexto, os representantes da Escola de Salamanca discutiram a legitimidade dos direitos de propriedade considerando a necessidade de promover uma utilização adequada dos bens materiais e, ao mesmo tempo, "contribuir para uma comunidade ordenada, hospitaleira e pacífica"[50]. Na perspectiva da escolástica tardia, a propriedade era uma instituição necessária para ordenar o meio social e os escolásticos ibéricos distinguiam entre os primeiros princípios da moralidade, eternos e imutáveis, e as condições socioeconômicas específicas, contingentes e mutáveis[51].

---

[48] Idem. *Ibidem.*, p. 31.

[49] A esse respeito, remeto o leitor a: KEENE, Edward. *Beyond Anarchical Society: Grotius, Colonialism and Order in World Politics*. Cambridge: Cambridge University Press, 2002.

[50] ALVES, André Azevedo & MOREIRA, José Manuel. "John Locke e os Escolásticos da Escola de Salamanca". *Revista de Economia & Relações Internacionais*, Volume 8, Número 15 (2009): 5-19.

[51] GRABILL, Stephen J. "Editor's Introduction". In: *Sourcebook in Late-Scholastic Monetary Theory: The Contributions of Martín de Azpilcueta, Luis de Molina,*

A propriedade foi um tema importante tanto para os escolásticos medievais quanto para os escolásticos ibéricos tardios por ser uma instituição problemática visto que é *"inconsistente com o ideal da igualdade natural que é central ao conceito escolástico da Lei Natural"*[52]. Os problemas relacionados à propriedade não se limitavam ao reconhecimento de sua distribuição desigual; havia uma conexão cada vez maior entre a propriedade e a liberdade pessoal, com implicações para o exercício do domínio sobre os demais[53]. Esta conexão era especialmente intensa no início da modernidade, que experimentou uma rápida proliferação das relações mercantis, práticas bancárias e o surgimento de novos instrumentos financeiros. Este foi, também, o contexto de Hugo Grotius, que testemunhou o rápido desenvolvimento comercial dos Países Baixos em meio a violentas disputas religiosas.

Em contraste, Hugo Grotius foi influenciado pelo voluntarismo medieval tardio, porém sua teoria da lei natural *"encaixa perfeitamente na corrente do realismo ou essencialismo filosófico encontrado em Santo Tomás de Aquino, em Johannes Duns Scotus (1266-1308), em Francisco Suárez (1548-1617) e nos juristas-teólogos espanhóis de Salamanca"*[54]. Grotius tentou superar as limitações da lei natu-

---

S.J., and Juan de Mariana, S.J. New York: Lexington Books, 2007. p. xiii-xxxv. Cit. p. xx.

[52] PORTER, Jean. *Natural and Divine Law: Reclaiming the Tradition for Christian Ethics*. Grand Rapids: Eerdmans, 1999. p. 259.

[53] Idem. *Ibidem.*, p. 260.

[54] GRABILL, Stephen J. *Rediscovering the Natural Law in Reformed Theological Ethics*. Grand Rapids: William B. Eerdmans Publishing Company, 2006. p. 177.

ral medieval diante dos desafios colocados pelo seu ambiente político e econômico, especialmente a necessidade de afirmar a posição e defender os interesses dos Países Baixos no início da modernidade. Ao mesmo tempo, adotou várias perspectivas teológicas e filosóficas para fundamentar seu argumento e sua principal inclinação foi na direção dos escolásticos tardios. Assim, elaborou um sistema de princípios jurídicos baseado na premissa inicial de que os seres humanos têm um desejo natural pela vida social pacífica e organizada. Para tanto:

> A esta esfera da lei, pertence a abstenção daquilo que é de outro, a restauração ao outro de qualquer coisa que seja dele e que possamos ter, juntamente com qualquer ganho que possamos ter auferido disso; a obrigação de cumprir as promessas, fazer o bem de uma perda incorrida através de nossas falhas, e a atribuição de penalidades aos homens de acordo com seus merecimentos[55].

Do exposto, é possível concluir que Grotius foi influenciado pelos escolásticos ibéricos tardios. Em sua noção de sociabilidade (tomada de empréstimo dos estoicos), Grotius encontrou uma verdade universal que fundamentava a transição da lei natural para uma ideia de direitos naturais no início da modernidade. É notável que um direito natural em particular, o direito à propriedade, era central para garantir a paz e

---

[55] GROTIUS, Hugo. *Prolegomena to the Law of War and Peace*. Indianapolis: Bobbs-Merrill Company, 1957. p. 8-9.

a prosperidade no meio social. Esse direito vem acompanhado da obrigação de cumprir as promessas.

No tratamento empírico que Grotius confere à propriedade, a alienabilidade e outras operacionalizações práticas são de fato permitidas e substanciadas por atos de vontade. Entretanto, a propriedade também é fonte de obrigações e não se encontra divorciada de propósitos morais – o que é uma importante linha de continuidade com os escolásticos medievais e tardios. De qualquer modo, a operacionalização da propriedade é assegurada pela relação entre direitos (que emanam das promessas) e obrigações (inseparáveis dos juramentos). Embora o direito à propriedade seja central para o bom funcionamento das relações sociais, já há, em Grotius, uma primeira noção, no início da modernidade, de correspondência entre direitos e deveres. Quem profere um juramento está obrigado a mantê-lo (pois o próprio ato de jurar envolve Deus como testemunha)[56].

A relação entre juramentos e promessas, traduzida como obrigações e direitos, estabelece um novo regime da lei natural sob a concepção de uma sociabilidade fundamental, na qual o direito à propriedade desempenha um papel fundamental. Tal como observado por Adam Mossoff, *"a concepção de Grotius dos direitos, em particular do direito de propriedade, era totalmente nova em sua época"*[57], uma vez que a propriedade grociana pode ser considerada como conectada, em sua

---

[56] GROTIUS, Hugo. *The Rights of War and Peace: Book II*. Indianapolis: Liberty Fund, 2005. p. 774.

[57] MOSSOFF, Adam. "What is Property? Putting the Pieces Back Together". *Arizona Law Review*, Volume 45 (2003): 371-443. Cit. p. 379.

origem, tanto a um conceito moral quanto a uma instituição política. Ademais, Mossoff observa que, além de uma relação física de posse, a propriedade também deve vir acompanhada do reconhecimento social dessa relação[58]. Enquanto Grotius deu um passo importante, no início da modernidade, na passagem da lei natural para os direitos naturais, esse reconhecimento social necessário para estabelecer a propriedade como instituição fundamental moderna requer uma correspondência mais forte entre direitos e deveres.

Com John Locke, a lei natural também desempenha um papel central para a própria existência da vida social: *"sem esta lei, os homens não podem realizar ligações sociais ou uniões entre si"*[59]. Locke considera a Lei Natural como fundamentalmente necessária na medida em que a vontade humana, por si só, seria insuficiente para garantir o cumprimento de contratos e promessas:

> Sem a lei natural, também a outra base da sociedade humana é derrubada, isto é, o cumprimento fiel dos contratos, pois não se deve esperar que um homem obedeça a um acordo porque prometeu, quando termos melhores são oferecidos em outra parte, a menos que a obrigação de manter as promessas derive da natureza e não da vontade humana[60].

---

[58] Idem. *Ibidem*, p. 380.
[59] LOCKE, John. *Political Writings*. Cambridge: Cambridge University Press, 1997. p. 87.
[60] Idem. *Ibidem.*, p. 88

Com relação à propriedade, em contraste com Grotius, Locke já toma como dadas as condições sociais para ela. Locke – fiel ao espírito de seu tempo – também assume que Deus deu a terra à humanidade em comum, então há um mandato divino que estabelece uma igualdade operacional com relação à propriedade. *"Todos os seres humanos têm o mesmo direito de usar todas as coisas"*[61], um direito que emana do Todo Poderoso. Locke também considera que os direitos de propriedade são exclusivos, isto é, que a propriedade vem com o direito de excluir os outros da utilização das coisas possuídas, e que o trabalho é o que estabelece os vínculos de propriedade[62].

Outro ponto importante a ser observado é que, tal como notado por James Tully, *"a teoria de Locke não é nem socialista, nem capitalista; nossa dicotomia moderna do privado e do comum não se aplica a ela"*[63]. A despeito das interpretações contemporâneas, ideologicamente contaminadas, Locke foi, de fato, um homem de seu tempo e que apoiava as crenças prevalecentes do início da modernidade. Locke não fornece qualquer embasamento para um entendimento social da propriedade moderna. Pressupõe a propriedade como práticas, o que pode ser entendido como uma indicação da institucionalização da propriedade moderna. Conforme Tully esclarece:

---

[61] KILCULLEN. "The Origin of Property: Ockham, Grotius, Pufendorf". *Op. cit.*, p. 11.

[62] LOCKE, John. *Two Treatises of Government*. Cambridge: Cambridge University Press, 1988. p. 287-288.

[63] TULLY, James. *A Discourse on Property: John Locke and His Adversaries*. New York: Cambridge University Press, 1980. p. x.

Locke chama o direito que todos os homens têm sobre as coisas necessárias para a subsistência de "propriedade" e isto é, em algum sentido, distinto da "propriedade sobre" alguma coisa que uma pessoa "vem a ter" no processo de individualização dos bens comuns [...]. O direito ou propriedade que todos os homens têm sobre as coisas necessárias para a subsistência é visto como uma consequência do direito que todos os homens têm à sua preservação, derivada do que Locke chama de "razão natural"[64].

Em um certo sentido (que aparentemente é contrário ao meu argumento), Tully também afirma que, tal como ocorreu com Grotius, Locke também foi influenciado pelos escolásticos ibéricos tardios, que desempenharam um papel crucial na teoria lockeana dos direitos naturais. De acordo com Tully, *"a retomada da lei natural por uma escola de neotomistas espanhóis no final do século XVI e início do século XVII baseia--se na teoria de Santo Tomás de Aquino. Esta filosofia política neotomista é, por sua vez, importante para entender Locke"*[65].

Entretanto, não há contradição com meu argumento, porque o que Locke fez foi traduzir *"o conceito tomista de natural, a propriedade comum [...] à linguagem dos direitos subjetivos"*[66]. Assim, a teoria lockeana da propriedade baseia-se diretamente no reconhecimento de que *"os homens têm direitos naturais porque têm deveres naturais"*[67]. Este ponto

---

[64] Idem. *Ibidem.*, p. 3.
[65] Idem. *Ibidem.*, p. 64-65.
[66] Idem. *Ibidem.*, p. 68.
[67] Idem. *Ibidem.*, p. 63.

é importante porque a correlação entre direitos e deveres que Locke descreve somente poderia funcionar de maneira adequada em um ambiente social e político caracterizado pela existência de práticas operacionais de propriedade baseadas no reconhecimento de uma igualdade natural da humanidade (que é justamente o passo teorizado e fundamentado por Pufendorf). John Hasnas esclarece isto:

> Locke torna claro que "homens podem fazer [promessas e acordos] uns com os outros, e ainda assim se encontrarem no estado de natureza" [...] o respeito ao qual os seres humanos são iguais é o que dá origem a um dever de preservar a humanidade, o que implica em todos e somente os direitos à vida, liberdade e propriedade que endossa[68].

No estado de natureza lockeano, a lei da natureza compele os homens a agirem para a preservação da humanidade[69], o que indica uma consonância entre Locke e o pensamento da lei natural escolástica a respeito da propriedade, na medida em que Locke também contempla um princípio de caridade que *"requer que os detentores de propriedade, em cada economia, cedam o controle de parte de suas posses excedentes, para que possam ser usadas para satisfazer à pressão das necessidades dos muito pobres, os quais não teriam como sobreviver de outra*

---

[68] HASNAS, John. "Toward a Theory of Empirical Natural Rights". In: PAUL, Ellen Frankel ; MILLER, Fred D. & PAUL, Jeffrey (Eds.). *Natural Rights Liberalism from Locke to Nozick*. New York: Cambridge University Press, 2005. p. 111-47. Cit. p. 113; 121.

[69] Idem. *Ibidem.*, p. 113.

forma"[70]. Qualquer outra interpretação seria incoerente com a perspectiva de Locke de que a propriedade se define em torno da lei mais fundamental da natureza, isto é, que a humanidade deve ser preservada[71].

Estou completamente de acordo com Jeremy Waldron a respeito de não haver separação ou oposição entre o princípio de caridade de John Locke no *First Tract of Government* [Primeiro Tratado sobre o Governo Civil] e a teoria da propriedade de Locke no *Second Tract of Government* [Segundo Tratado sobre o Governo Civil]. Há, na verdade, um argumento cronológico importante contra a ideia de que o Segundo Tratado poderia conter aspectos mais definitivos do pensamento de Locke. O *Segundo Tratado sobre o Governo Civil* foi composto entre 1679 e 1680 e o *Primeiro Tratado sobre o Governo Civil* foi acrescentado posteriormente[72]. O movimento realizado por Locke foi de acomodação, à sua concepção de Lei Natural, do princípio da caridade com uma teoria da propriedade já existente; uma acomodação baseada na percepção que, se a lei natural estabelece por princípio que cada um tem o direito de se preservar, então, além dos casos particulares nos quais a própria preservação pode se encontrar sob ameaça, há um mandato da lei natural para buscar a preservação do restante da humanidade. Aqui, é importante sublinhar que o princí-

---

[70] WALDRON, Jeremy. "Nozick and Locke: Filling the Space of Rights". In: PAUL ; MILLER & PAUL. (Eds.). *Natural Rights Liberalism from Locke to Nozick*. Op. cit., p. 81-110. Cit. p. 89.

[71] TULLY. *A Discourse on Property*. Op. cit., p. 45; LOCKE. *Two Treatises of Government*. Op. cit., p. 170.

[72] WALDRON. "Nozick and Locke". Op. cit., p. 93.

pio da caridade se dirige apenas àqueles que não têm outros meios de subsistir. Alguém que pudesse trabalhar, mas que se recusasse a fazê-lo, não teria direito à caridade[73].

O que diferencia Locke de Grotius é sua posição mais forte a respeito das faculdades. Conforme observa Paul A. Rahe:

> O homem lockeano não vêm à propriedade da maneira como entraria em um teatro e ocuparia um assento temporariamente, tal como Cícero (106-43 a.C.), Sêneca (4 a.C.-65 A.D.) e Grotius acreditava; pois não há teatro, e não há assento – a menos não até que o homem lockeano os tivesse criado para si mesmo[74].

John Locke percebe que as provisões naturais são escassas e que a apropriação pessoal por intermédio do trabalho é *"não somente necessária, mas justa"*[75]. O homem é diferente dos outros animais, de acordo com Locke, devido à sua capacidade para trabalhar e, por intermédio do trabalho, assegurar sua preservação ao transformar e explorar os recursos naturais escassos. Esta é a razão pela qual Locke defende tão fortemente a proposição de que cada homem é proprietário de si mesmo, de sua própria pessoa – bem como do trabalho de seu corpo e de suas mãos[76].

---

[73] Idem. *Ibidem.*, p. 96.
[74] RAHE, Paul A. "The Political Needs of a Toolmaking Animal: Madison, Hamilton, Locke, and the Question of Property". In: PAUL ; MILLER & PAUL (Eds.). *Natural Rights Liberalism from Locke to Nozick. Op. cit.*, p. 1-26. Cit. p. 13.
[75] Idem. *Ibidem.*, p. 15.
[76] LOCKE. *Two Treatises of Government. Op. cit.*, p. 287-88.

A única maneira adequada de possuir alguma coisa é, portanto, por intermédio de uma propriedade anterior e mais fundamental, que é a propriedade sobre a própria pessoa e do trabalho realizado pelo seu corpo e suas mãos. Este ponto a respeito das capacidades e faculdades humanas é o que separa Locke da concepção dos medievais e escolásticos tardios a respeito da propriedade comum, que ainda está presente em autores como Grotius. A importância da propriedade do trabalho reside no estabelecimento de um critério básico fundamentado tanto nos princípios da lei natural quanto nas práticas sociais concernentes à propriedade. A apropriação por meio do trabalho origina o direito de reivindicar as coisas apropriadas. Mais ainda, em um ambiente no qual o reconhecimento da igualdade opera sob uma lógica de direitos e deveres correlacionados, até o trabalho pode ser objeto de troca. Assim, a propriedade se torna mais do que o direito de usar ou desfrutar, e passa a englobar também o direito de trocar ou alienar; e isto é válido também para o direito natural mais fundamental à propriedade do trabalho. Tal como afirma C. B. Macpherson (1911-1987), *"para Locke, o trabalho de um homem é de forma tão inquestionável algo de sua propriedade que pode livremente vendê-lo em troca de um pagamento"*[77]. É em Locke, portanto, que a propriedade moderna finalmente se torna completamente alienável - e finalmente se constitui como instituição fundamental moderna.

---

[77] MACPHERSON, C. B. *The Political Theory of Possessive Individualism: Hobbes to Locke*. Oxford: Oxford University Press, 1964. p. 215.

Onde reside, portanto, o ponto de articulação entre Hugo Grotius e John Locke? De acordo com Knud Haakonssen, Samuel Pufendorf foi influenciado pelo ambiente intelectual da Revolução Científica. Pufendorf desejava desenvolver uma "ciência da moral", separada da Teologia Moral e baseada em um sistema axiomático hipotético-dedutivo similar à Matemática[78].

Embora Pufendorf defendesse que a Lei Natural deveria apresentar um caráter científico, a ciência moral não poderia ser considerada como uma ciência empírica. O caráter científico deveria emanar de seu método dedutivo. A partir de uma natureza humana preocupada com a autopreservação e ciente de sua incapacidade de proporcionar segurança sem uma certa sociabilidade, *"grupos de pessoas inventam uma linguagem na qual articular o reconhecimento de sua situação e para deduzir as regras básicas que lhes permitem viver juntas e, a partir daí, surgem regras e instituições mais particulares"*[79]. Assim, a despeito de um Deus voluntarista que estabelece as raízes da moral, todo o resto da moralidade deveria ser considerado como criação humana por intermédio do conhecimento demonstrativo. Nesse marco conceitual, os *entia moralia* de Pufendorf são modos introduzidos no domínio natural, porque a moral e o mundo físico são esferas distintas e autocontidas. Esses *entia moralia* seriam necessários para que os eventos naturais ou as coisas adquiris-

---

[78] HAAKONSSEN, Knud. *Natural Law and Moral Philosophy: From Grotius to the Scottish Enlightenment*. Cambridge: Cambridge University Press, 1996. p. 37.
[79] Idem. *Ibidem.*, p. 38.

sem valor, mas isso seria possível somente por intermédio de relações normativas prescritivas.

Assim, o ponto de partida de Pufendorf é ontologicamente voluntarista dado que considera o livre arbítrio divino com respeito à natureza humana com a primeira fonte da moral. Entretanto, em sua vida social, os homens são dotados de um conjunto de *entia moralia*, ou entidades morais, que expressam as fundações ontologicamente relacionais para as instituições sociais normativas que orientam os comportamentos humanos. É importante notar – para distinguir Pufendorf de Grotius – que Pufendorf considera Deus como a única fonte da lei (Lei Natural), que é a base e a causa primeira para a moralidade, mas a obrigação, o dever e o direito são derivados.

Haakonssen observa que, embora a autopreservação possa reduzir a obrigação ao autointeresse, a ênfase na sociabilidade inerente à humanidade tornaria a divindade inútil para além de seu papel criador. Para evitar essa confusão, a sociabilidade não deve ser considerada como princípio independente, mas em vez disso como meio para a autopreservação[80]. Um princípio de sociabilidade independente implicaria em uma moralidade autocontida e segregada da Teologia.

A teoria de Pufendorf dos direitos e deveres naturais se baseia em sua concepção do mundo natural como domínio livre de valores. Através dos *entia moralia*, os seres humanos criam relações sociais sob prescrições normativas para a ação, que precisam ser entendidas pelo intelecto, embora

---

[80] Idem. *Ibidem.*, p. 42-43.

possam ser seguidas ou não. Sob a orientação da lei natural, pactos e promessas são imposições humanas que geram direitos e obrigações. O arcabouço teórico de Pufendorf permite entender a propriedade como um direito reconhecido à posse, reconhecido entre iguais, e um tal direito vem acompanhado do direito de excluir os outros do uso da propriedade. Ao considerar direitos e deveres como relações normativas/prescritivas criadas pelo homem, relacionadas à lei natural que emana da vontade divina, Pufendorf finalmente estabelece um marco concreto para a sociabilidade e cria uma ponte entre a lei natural (baseada na vontade de Deus) e os direitos naturais (que emanam do caráter de mediação relacional das instituições sociais).

O movimento teórico de Pufendorf completa nossos conceitos morais de direito, propriedade e obrigação dentro do arcabouço de uma ciência completa da moral com fundamentos racionais e dedutivos. Sob uma preocupação constante pela autopreservação e vivendo em um ambiente de sociabilidade natural, *"grupos de pessoas eventualmente inventariam regras (ou convenções) morais que lhes permitiriam viver em conjunto e formar instituições para seu benefício mútuo"*[81]. Assim, já temos, em Pufendorf, uma ideia explícita de obrigação moral sob a lei da natureza – uma obrigação, por sua vez, relacionada a uma correlação forte entre direitos e deveres definidos por relações entre iguais. Pufendorf argumenta em favor de um princípio de igualdade natural fundamentado na percep-

---

[81] GRABILL. *Rediscovering the Natural Law in Reformed Theological Ethics*. Op. cit., p. 179.

ção de que a natureza humana "*pertence igualmente a todos*" e considera como um dever "*de cada homem para com cada homem [...] que cada homem valorize e trate o outro naturalmente como seu igual, ou como igualmente um homem*"[82].

A socialidade compreende, portanto, a ideia de uma "*obrigação de cultivar a vida social com os demais com base em uma igualdade de todos os homens*"[83]. Trata-se de uma ideia que expressa, em si mesma, um reconhecimento mais fundamental da igualdade natural dos homens como base para toda a vida social.

Com esse "igualitarismo radical" de Pufendorf, os seres humanos se veem obrigados a reconhecer e tratar os demais como iguais, dando origem a um tecido social onde os conceitos morais são institucionalizados por intermédio de interações em um espaço relacional. Ao desempenhar um papel de transição entre Grotius e Locke, Pufendorf articula as condições tanto lógicas (racionais e dedutivas) quanto sociais, bem como as circunstâncias materiais e epistêmicas necessárias para o nascimento da propriedade como um *conjunto de relações de propriedade* – ou como uma instituição moral evoluída para o benefício mútuo dos seres humanos (embora não necessariamente de forma proposital ou deliberada). É o reconhecimento da igualdade mútua que torna a propriedade como um direito à posse que vem juntamente com o direito de excluir os demais de seu uso.

---

[82] PUFENDORF, Samuel. *On the Duty of Man and Citizen According to Natural Law*. Cambridge: Cambridge University Press, 1991. p. 61.

[83] Idem. *Ibidem.*, p. 61.

Antes de Pufendorf, no marco grociano, a propriedade era considerada inalienável ou não livremente alienável porque desempenhava um papel social de certo modo fixo, derivado de uma certa ordem natural das coisas que fora estabelecida por Deus no momento da criação. Nesse ambiente, as trocas e transações de fato ocorriam, mas a propriedade não contava com uma fundamentação social e lógica clara e estava sempre relacionada a propósitos morais mais fundamentais. Esses propósitos morais também estão presentes nas reflexões de Locke sobre a propriedade, mais especificamente em termos de seu princípio da caridade, porém Locke rejeita as concepções dos medievais e escolásticos tardios a respeito da propriedade comum. Para Locke, a propriedade do trabalho funciona como um critério básico que emana tanto de princípios filosóficos e teológicos de lei natural quanto da expressão das práticas sociais relacionadas à propriedade. Assim, a propriedade lockeana pode ser considerada como socialmente contingente, livremente alienável e intercambiável, bem como desconectada de princípios morais transcendentes (a despeito de sua fundamentação teológica na lei natural). Com Locke, a propriedade moderna já funciona como instituição social fundamental da modernidade.

É razoável supor, então, que um passo crucial na evolução da propriedade como instituição fundamental da modernidade ocorreu em algum momento entre Grotius e Locke. É Pufendorf quem estabelece as condições lógicas e sociais adequadas para a evolução da propriedade em um marco ontológico relacional, por intermédio de sua teoria dos *entia moralia* e de sua proposta do reconhecimento da igualdade como um dever fundamental de todos os homens. Pufendorf completa a transição da lei natural para os direitos naturais (iniciada em Grotius e assumida por Locke) e possibilita uma abordagem evolutiva relacional para o estudo da propriedade moderna como a evolução de uma instituição fundamental.

Na seção seguinte, discutirei como empreender esse estudo, apresentando uma perspectiva evolutiva para a origem da propriedade como instituição fundamental moderna.

II - A Evolução da Propriedade como Instituição Fundamental

Proponho uma abordagem Darwinista para a origem e evolução de instituições. Neste sentido, a evolução da propriedade moderna lida com o problema de como certos comportamentos associados à posse e propriedade vieram a ser, de acordo com o desenvolvimento cultural do reconhecimento da igualdade - um dos aspectos fundamentais da modernidade. Em outras palavras, a evolução da propriedade expressa a evolução de outro aspecto central da modernidade: a soberania como reconhecimento da igualdade. Ademais, a evolução da propriedade é subjacente ao desenvolvimento da sociedade liberal de mercado, que engloba ao mesmo tempo o igualitarismo e o universalismo[84] sob a crença em uma uni-

---

[84] VAN DE HAAR, Edwin. *Classical Liberalism and International Relations Theory: Hume, Smith, Mises, and Hayek*. New York: Palgrave Macmillan, 2009. p. 1.

dade moral (não necessariamente transcendente) da espécie humana.

Na seção anterior, elaborei uma discussão histórica e conceitual a respeito da emergência e evolução da propriedade como instituição fundamental no início da modernidade. Meu propósito foi mostrar que o próprio conceito de propriedade passou por mudanças importantes nesse período, o que indica um processo dinâmico de evolução. É significativo que esse processo tenha ocorrido em um período de tempo relativamente breve, o que o torna adequado para um tratamento formal usando teoria evolutiva dos jogos.

Meu objetivo, agora, é argumentar que a evolução adaptativa Darwinista é adequada para lidar com a questão da evolução da propriedade como instituição fundamental da modernidade. Por intermédio da combinação de uma ontologia relacional com um algoritmo evolutivo, busco explicar tanto a origem quanto a mudança institucional.

Com base em estudos recentes do matemático Gregory Chaitin, discutirei a relação entre evolução e complexidade algorítmica. De acordo com Chaitin, a evolução darwinista é simples a ponto de poder ser descrita por uma formulação metamatemática elegante[85]. Ao formalizar a evolução via uma perspectiva matemática e algorítmica, Chaitin torna a evolução factível de ser tratada com as ferramentas da teoria algorítmica da informação, uma subárea da Ciência da Computação que foi criada independentemente

---

[85] CHAITIN, Gregory. *Proving Darwin: Making Biology Mathematical*. New York: Pantheon Books, 2012. p. 9.

por Chaitin[86], Ray Solomonoff (1926-2009)[87] e Andrei Nikolaevich Kolmogorov (1903-1987)[88].

Mais especificamente, Gregory Chaitin desenvolve um modelo abstrato da evolução como um passeio aleatório de um organismo de software em um espaço de software, que corresponde ao espaço de todos os organismos de software possíveis. Baseado na função do *"castor ocupado"*[89], uma estrutura abstrata que caracteriza a criatividade biológica e que decorre do Teorema da Incompletude de Kurt Gödel (1906-1978)[90] e do Problema da Parada de Alan Turing (1912-1954)[91], Chaitin demonstra que o design inteligente proporciona o melhor resultado possível, porém enfrenta sérios problemas diante dos resultados lógicos estabelecidos por Gödel e Turing. Ao mesmo tempo, uma busca exaustiva pelas melhores combinações seria factível algoritmicamente, porém demasiado lenta computacionalmente. Assim, um terceiro algoritmo, a evolução aleatória cumulativa, ao mesmo

---

[86] CHAITIN, Gregory. "On the Length of Programs for Computing Finite Binary Sequences". *Journal of the ACM (JACM)*, Volume 13, Number 4 (1966): 547-69.

[87] SOLOMONOFF, Ray J. *A Preliminary Report on a General Theory of Inductive Inference*. Tech. Rept. ZTB-138. Cambridge: Zator Company, 1960.

[88] KOLMOGOROV, Andrei Nikolaevich. "On Tables of Random Numbers". *Theoretical Computer Science*, Volume 207, Number 2 (1963): 387-95.

[89] RADÓ, Tibor. "On Non-Computable Functions". *Bell System Technical Journal*, Volume 41 (1962): 877-84.

[90] GÖDEL, Kurt. "Über formal unentscheidbare Sätze der Principia Mathematica und verwandter Systeme, I". *Monatshefte für Mathematik und Physik*, Volume 38 (1931): 173-98.

[91] TURING, Alan. On computable numbers, with an application to the Entscheidungsproblem. *Proceedings of the London Mathematical Society Series 2*, Vol. 42 (1936): 230-65.

tempo factível e mais rápida, seria adequada para representar processos verdadeiramente evolutivos[92].

Com base nos resultados de Gregory Chaitin e Richard Dawkins, para quem a evolução é extensível para além do domínio da ciência biológica[93], proponho a evolução adaptativa como uma alternativa factível para explicar a origem das instituições fundamentais. Mesmo sabendo que o desenho institucional deliberado seria a opção mais rápida, teria de lidar com complexidade intransponível e com limitações lógicas severas[94]. Por outro lado, a emergência espontânea do nível dos indivíduos para o nível da "ordem", tal como proposta por F. A. Hayek (1899-1992)[95], reflete um algoritmo aleatório que é factível, porém lento demais para explicar como realmente funciona a evolução das instituições sociais e políticas (das quais a propriedade é um exemplo). A proposta de Hayek só se torna viável mediante o recurso à "seleção de grupo", um conceito desprovido de qualquer embasamento científico. É possível evitar a seleção de grupo recorrendo à proposta de evolução memética, elaborada por Richard Dawkins em seu livro *The Selfish Gene* [*O Gene Egoísta*] de 1976. A transmissão cultural por intermédio de memes, entendidos como

---

[92] CHAITIN. *Proving Darwin. Op. cit.*, p. 49.

[93] DAWKINS, Richard. *The Selfish Gene: 30th Anniversary Edition*. Oxford: Oxford University Press, 2006; DAWKINS, Richard. *The Extended Phenotype: The Long Reach of the Gene*. Oxford and New York: Oxford University Press, 1999.

[94] CALUDE, C. S. *Information and Randomness: An Algorithmic Perspective*. Berlin / New York: Springer, 2002. p. xiii.

[95] HAYEK, F. A. *Individualism and Economic Order*. Chicago: The University of Chicago Press, 1948.

unidades autorreplicáveis de informação cultural[96], conduz a um processo muito mais rápido e pode explicar o surgimento evolutivo de novas instituições em poucas décadas ou mesmo em poucos anos.

Além de Robert Axelrod, já citado anteriormente, outros autores desenvolveram argumentos evolutivos para estudar fenômenos sociais, políticos e culturais. Por exemplo, Peter J. Richerson e Lesley Newson analisam o fenômeno religioso sob perspectiva evolutiva recorrendo à seleção multinível[97]; Chris Boehm estabelece uma analogia entre sistemas morais e cromossomos, ao considera os grupos humanos como unidades de seleção e adaptação em seu estudo de Antropologia Cultural do igualitarismo e altruísmo[98]. Orion A. Lewis e Sven Steinmo argumentam que mudanças institucionais gradativas podem ser entendidas por intermédio de um processo evolutivo em vários níveis[99]. Entretanto, quase todas essas abordagens caem na armadilha da seleção multinível ou seleção de grupo[100].

---

[96] DAWKINS. *The Selfish Gene*. Op. cit., p. 194.

[97] RICHERSON, Peter J. & NEWSON, Lesley. "Is Religion Adaptive? Yes, No, Neutral. But Mostly We Don't Know". In: SCHLOSS, Jeffrey & MURRAY, Michael J. (Eds.). *The Believing Primate: Scientific, Philosophical, and Theological Reflections on the Origin of Religion*. New York: Oxford University Press, 2009. p. 100-117.

[98] BOEHM, Chris. *Hierarchy in the Forest: Egalitarianism and the Evolution of Human Altruism*. Cambridge: Harvard University Press, 1999.

[99] LEWIS, Orion A. & STEINMO, Sven. "How Institutions Evolve: Evolutionary Theory and Institutional Change". *Polity*, Volume 44, Number 3 (2012): 314-39.

[100] PINKER, Steven. "The False Allure of Group Selection". *Edge*. June 18, 2012. Disponível em: <http://edge.org/conversation/the-false-allure-of-group-selection>

Posiciono-me ao lado de Richard Dawkins e afirmo que as pressões seletivas operam somente no nível das unidades (genes e/ou memes). Considerar a seleção como algo que opera em outros níveis (ou em mais de um nível ao mesmo tempo), além de não possuir embasamento científico, é um postulado desnecessário.

Como lido com um processo evolutivo que *à primeira vista* ocorre por meios não genéticos, adoto a proposta dos memes de Richard Dawkins. Tal como os genes, os memes são autorreplicáveis e respondem a pressões seletivas, porém ao invés de carregarem informação biológica, carregam ideias culturais e expressões cognitivas de práticas institucionais. Devido à sua expressão como replicadores de informação cultural[101], memes são adequados para a aplicação de princípios evolutivos para explicar fenômenos socioculturais[102].

Reitero que não pretendo afirmar, aqui, que processos sociais e políticos poderiam ser reduzidos a mecanismos genéticos. Esclareço, contudo, que não rejeito isso de antemão e que tais mecanismos podem muito bem existir. Caso venhamos a descobri-los – talvez para o desespero de grande parte dos autores que, a despeito de vasta erudição filosófica, são severamente limitados em sua cultura científica –, será um

---

[101] SHERMER, Michael. "The Skeptic's Chaplain: Richard Dawkins as a Fountainhead of Skepticism. In: GRAFEN, Alan & RIDLEY, Mark (Eds.). *Richard Dawkins: How a Scientist Changed the Way We Think*. Oxford and New York: Oxford University Press, 2006. p. 227-235. Cit. p. 228.

[102] GRAHAM, Gordon. *Genes: A Philosophical Inquiry*. London / New York: Routledge, 2002; BLACKMORE, Susan. *The Meme Machine*. Oxford: Oxford University Press, 1999; AUNGER, Robert. (Ed.). *Darwinizing Culture: The Status of Memetics as a Science*. Oxford: Oxford University Press, 2000.

grande avanço para transpor o abismo entre as duas culturas apontado por Charles Percy Snow. Por enquanto, é suficiente dizer que uma tal abordagem necessariamente precisaria lidar com os microfundamentos genéticos e neurobiológicos da socialidade humana[103].

A memética proporciona diversas vantagens para o estudo de processos sociais adaptativos complexos. Enquanto a evolução biológica baseada na genética é relativamente lenta, a evolução memética é muito mais rápida e resolve o problema da escala temporal: conforme apresentei anteriormente, a propriedade como instituição fundamental da modernidade apareceu em um intervalo de tempo relativamente breve. Ademais, a evolução memética permite entender mudanças que parecem ser abruptas, mas que na realidade seguem uma lógica evolutiva adaptativa que ocorre em períodos curtos de tempo. Outra vantagem da memética é que os memes são unidades autorreplicáveis de informação e, como tal, podem ser facilmente representados e modelados utilizando algoritmos computacionais evolutivos[104]. É necessário, contudo, prestar atenção à fundamentação científica da memética.

---

[103] KLEIN, Rebekka A. *Sociality as the Human Condition: Anthropology in Economic, Philosophical and Theological Perspective*. Leiden / Boston: Brill, 2011. p. 161.

[104] Ver, por exemplo: HOLLAND, John. *Adaptation in Natural and Artificial Systems*. Cambridge: The MIT Press, 1992; MITCHELL, Melanie. *An Introduction to Genetic Algorithms*. Cambridge: The MIT Press, 1998; KOZA, John. *Genetic Programming: On the Programming of Computers by Means of Natural Selection*. Cambridge: The MIT Press, 1992; AFFENZELLER, Michael ; WAGNER, Stefan ; WINKLER, Stephan & BEHAM, Andreas. *Genetic Algorithms and Genetic Programming: Modern Concepts and Practical Applications*. New York: Taylor & Francis Group, 2009.

No que diz respeito ao status científico dos memes, a psicóloga Susan Blackmore argumenta que há pelo menos dois critérios consensuais de validade científica: uma teoria deve ser capaz de explicar os fenômenos aos quais se refere melhor do que suas teorias rivais; e deve levar a previsões testáveis. A autora mostra que vários fenômenos são melhor explicados pelos memes: a evolução do cérebro humano, as origens da linguagem, a origem do altruísmo, entre outros exemplos[105].

De acordo com o filósofo Daniel Dennett, a memética apresenta caráter científico porque *"palavras existem e palavras são memes que podem ser pronunciados"*[106]. Ademais, as-

---

[105] BLACKMORE. "The Meme Machine". *Op. cit.*, p. 9. Tenho minhas reservas quanto à evolução do cérebro humano, no entanto a evolução da mente e do estado de mentalidade tem sido estudado sob perspectiva estritamente darwinista pelo neurologista colombiano Rodolfo Llinás. Ver, por exemplo: LLINÁS, Rodolfo R. *I of the Vortex: From Neurons to Self.* Cambridge: MIT Press, 2002. Também há trabalhos importantes no campo da etologia cognitiva que mostram a continuidade evolutiva da consciência e da autoconsciência, temas que algumas pessoas *ainda* consideram exclusividade do campo da filosofia. A esse respeito, remeto o leitor curioso, primeiramente, a Charles Darwin (1809-1882), em particular seu livro: DARWIN, Charles. *The Expression of the Emotions in Man and Animals.* Cambridge: Cambridge University Press, 2009. Nessa obra, Darwin defendeu explicitamente a continuidade evolutiva entre humanos e os outros animais (inclusive no que diz respeito a emoções e comportamentos). Dentre muitos outros trabalhos, destaco também: BEKOFF, Marc. *Minding Animals: Awareness, Emotions, and Heart.* New York: Oxford University Press, 2002; DENTON, Derek. *Les Émotions Primordiales et L'Éveil de la Conscience.* Paris: Flammarion, 2005; PARKER, Sue Taylor ; MITCHELL, Robert W. & BOCCIA, Maria L. (Eds.). *Self-Awareness in Animals and Humans: Developmental Perspectives.* Cambridge: Cambridge University Press, 1994.

[106] DENNETT, Daniel C. *Breaking the Spell: Religion as a Natural Phenomenon.* New York: Penguin, 2006.

sim como os genes, memes são portadores de informação que *"obedecem com exatidão às leis da seleção natural"*[107].

Não proponho, portanto, apenas uma analogia com a evolução biológica (como ocorre com a proposta de Hayek baseada na seleção de grupo). Considero que memes são socialmente definidos e afirmo que certas instituições sociais são selecionadas pois, em um sentido memético, sobrevivem melhor do que outras em um dado ambiente em constante transformação. Assim, defendo que a transição evolutiva para a propriedade moderna é, de fato, uma transição memética que segue as regras da evolução.

Dado que memes são de fato entidades não-observáveis, posiciono-me explicitamente no campo do realismo científico. O realismo científico é uma posição que tem sido amplamente discutida no campo teórico das Relações Internacionais[108]. Concordo com Ernan McMullin (1924-2011) em que aceitar uma teoria científica não obriga a acreditar que seja verdadeira no sentido de ser definitiva em sua formulação[109].

---

[107] DENNETT, Daniel C. *Darwin's Dangerous Idea: Evolution and the Meanings of Life*. London: Penguin, 1996.

[108] WENDT, Alexander. *Social Theory of International Politics*. New York: Cambridge University Press, 1999; WIGHT, Colin. *Agents, Structures and International Relations: Politics as Ontology*. Cambridge: Cambridge University Press, 2006; CHERNOFF, Fred. "Scientific Realism as a Meta-Theory of International Politics". *International Studies Quarterly*, Volume 46, Number 2 (2002): 189-207; JOSEPH, Jonathan. "Philosophy in International Relations: A Scientific Realist Approach". *Millennium: Journal of International Studies*, Volume 35, Number 2 (2007): 345-59; JOSEPH, Jonathan & WIGHT, Colin. (Eds.). *Scientific Realism and International Relations*. New York: Palgrave Macmillan, 2010.

[109] MCMULLIN, Ernan. "A Case for Scientific Realism". In: LEPLIN, Jarrett. (Ed.). *Scientific Realism*. Los Angeles: University of California Press, 1984. p. 8-40. Cit. p. 35.

Na verdade, quem deseja respostas definitivas deve procurá-las em outras áreas do conhecimento. Ademais, é possível fazer afirmações confiáveis a respeito de entidades não-observáveis porque não são meramente hipotéticas; podem ser *"regularmente manipuladas para produzir novos fenômenos e investigar outros aspectos da natureza"*[110]. De fato, físicos experimentais realizam tais manipulações corriqueiramente.

Minha tentativa de ligar os memes à cultura se baseia tanto na força algorítmica da evolução adaptativa (factível de ser modelada pela teoria evolutiva dos jogos) quanto pela consideração cuidadosa da historicidade como propriedade crucial da evolução das normas morais bem como das ordens sociais e políticas. Ademais, conforme observado por Henry Plotkin:

> As noções do Darwinismo universal, replicadores e interagentes, como os conceitos básicos da memética podem muito vem se mostrar uma abordagem frutífera para o entendimento da cultura; o que é ainda mais importante, podem proporcionar uma ponte conceitual que buscamos entre as ciências biológicas e sociais[111].

Dado que comecei este texto manifestando minha preocupação com as "duas culturas" de C. P. Snow, estou de pleno acordo com a observação de Plotkin. Lamento, contudo, que o

---

[110] HACKING, Ian. "Experimentation and Scientific Realism". In: LEPLIN (Ed.). *Scientific Realism. Op. cit*, p. 154-172. Cit. p. 154.
[111] PLOTKIN, Henry. Culture and Psychological Mechanisms. In: AUNGER. (Ed.). *Darwinizing Culture. Op. cit.*, p. 69-82. Cit. p. 80.

meio científico ainda apresente muitos praticantes que não se interessam em buscar uma formação humanística mais ampla. Lamento mais ainda que, nas áreas humanas e sociais, grande parte de seus representantes (senão a maioria) não se preocupem em adquirir uma cultura científica mais abrangente.

Enfim, no que diz respeito ao status científico da memética, a partir do exposto nos parágrafos precedentes, rejeito as acusações de pseudocientificidade. Reconheço, contudo, que os memes, como replicadores desprovidos de materialidade (em contraste com os genes), são difíceis de isolar e mensurar[112]. Em todo caso, o caráter abstrato dos memes facilita seu tratamento matemático e computacional e sua conceptualização como unidades autorreplicáveis de seleção cultural apresenta a vantagem adicional de permitir a modelagem formal de vários fenômenos sociais e políticos por intermédio de uma abordagem evolutiva adaptativa que, de partida, evita a seleção de grupo ou multinível (dado que as pressões seletivas operam somente sobre o meme).

Neste momento, é suficiente dizer que a transmissão cultural por memes é um processo rápido[113] que pode explicar o surgimento de uma nova instituição política ou social "em uma escala temporal milhares de vezes mais rápida do que a

---

[112] Há resultados de pesquisas recentes que indicam que a evolução memética é factível de ser mensurada adequadamente utilizando tecnologias de neuroimagem em experimentos altamente controlados e elaborados para estudar os substratos neuronais de sua iniciação e replicação. A esse respeito, ver MCNAMARA, A. "Can we measure memes?" *Frontiers in Evolutionary Neuroscience*, Volume 3, Number 1 (2011): 1-7.

[113] DAWKINS. *The Selfish Gene. Op. cit.*, p. 194.

evolução genética"[114]. As aproximadamente seis décadas que separam Grotius de Locke constituem um intervalo de tempo extremamente breve para lidar com a acumulação gradual de melhoramentos exigida pela evolução biológica convencional (ou, para usar uma expressão de Dawkins, para *escalar o monte improvável*[115]). Ademais, enquanto a difusão de gene ocorre entre gerações sucessivas, a difusão memética enfrenta menos restrições dado que *"a quantidade de indivíduos que podem tomar um meme de um único indivíduo é praticamente ilimitada"*[116].

Assim, considero o processo social de origem e evolução institucional como historicamente contingente, porém também argumento que se trata de um processo de evolução Darwinista factível de ser estudado mediante ferramentas evolutivas. Em outras palavras, utilizo uma abordagem evolutiva que se expressa como "evidência de historicidade socialmente construída, definível como o autoentendimento temporal compartilhado de uma sociedade humana em continuidade"[117]. De fato, Hayward R. Alker (1937-2007) acredita – assim como eu – que a historicidade não pode ser dissociada do surgimento da ordem social, e a origem evolutiva

---

[114] DENNETT, Daniel C. "Memes and the Exploitation of Imagination". In: RUSE, Michael (Ed.). *Philosophy After Darwin: Classic and Contemporary Readings*. Princeton: Princeton University Press, 2009. p. 189-98. Cit. p. 196.

[115] DAWKINS, Richard. *Climbing Mount Improbable*. New York: Viking, 1996.

[116] HEYLIGHEN, Francis. "Selfish Memes and the Evolution of Cooperation". *Journal of Ideas*, Volume 2, Number 4 (1992): 77-84.

[117] ALKER, Hayward R. *Rediscoveries and Reformulations: Humanistic Methodologies for International Studies*. Cambridge: Cambridge University Press, 1996. p. 323.

das instituições sociais resulta de sucessos e fracassos relacionados às possibilidades coletivas sujeitas à ação constante de mecanismos de autocorreção ou a pressões seletivas.

Ao mesmo tempo, a origem da instituição da propriedade moderna envolve uma aparente ruptura (da concepção medieval/escolástica da inalienabilidade natural para a propriedade moderna baseada na alienabilidade entre iguais). Dentro dessa "ruptura", que separa dois sistemas de pensamento bem diferentes[118], há uma série relacional de historicidades que podem ser elucidadas pelo marco relacional de uma abordagem evolutiva baseada na evolução memética adaptativa. Dado que memes são unidades autorreplicáveis de informação que podem ser computacionalmente modelados recorrendo a técnicas de programação[119], a origem da propriedade como instituição fundamental é passível de ser estudada utilizando essas mesmas ferramentas.

A relação entre a memética e os jogos evolutivos pode ser ilustrada por um dos temas mais estudados com a ideia de memes: a evolução das linguagens naturais. De acordo com Karl Wärneyrd, os memes da linguagem podem ser abordados pela via dos jogos evolutivos:

---

[118] Não consigo deixar de pensar, aqui, nos tentilhões das Galápagos.

[119] BÄCK, Thomas. *Evolutionary Algorithms in Theory and Practice: Evolution Strategies, Evolutionary Programming, Genetic Algorithms*. New York and Oxford: Oxford University Press, 1996; SPEARS, W William M. *Evolutionary Algorithms: The Role of Mutation and Recombination*. Berlin: Springer-Verlag, 2000; EIBEN, Agoston E. & SMITH, James E. *Introduction to Evolutionary Computing*. Berlin: Springer-Verlag, 2003.

[...] devemos deixar para trás a lógica da teoria dos jogos convencional e posicionar os jogos no campo mais abrangente de uma sociedade cujos membros encontram, repetidamente, situações similares. [...] consideraremos linguagens como memes, os análogos dos genes no mundo das ideias e comportamentos. Em vez de nos preocuparmos com as escolhas de jogadores racionais no sentido da teoria dos jogos convencional, olhamos agora diretamente para as propriedades de sobrevivência e estabilidade de vários memes de linguagem em um ambiente no qual precisam competir uns com os outros pela atenção dos agentes[120].

Em seu estudo da linguagem, Wärneyrd também reconhecei que convenções perfeitamente informativas podem ser formalizadas utilizando a teoria evolutiva dos jogos e descobriu que *"uma convenção de coordenação perfeita pode evoluir de um processo de tentativa e erro, ou evolução memética"*[121].

Não pretendo apresentar, aqui, as tecnicalidades matemáticas da teoria evolutiva dos jogos. Remeto o leitor interessado à literatura[122]. Em termos gerais, o que se faz é utilizar a equação do replicador para descrever como os fenótipos comportamentais mais bem-sucedidos se difundem pela po-

---

[120] WÄRNEYRD, Karl. "Language, Evolution, and the Theory of Games". In: CASTI, John L. & KARLQVIST, Anders (Eds.). *Cooperation and Conflict in General Evolutionary Processes*. New York: John Wiley & Sons, 1994. p. 405-22. Cit. p. 410.

[121] Idem. *Ibidem*, p. 415.

[122] HOFBAUER, Josef & SIGMUND, Karl. "Evolutionary Game Dynamics". *Bulletin of the American Mathematical Society*, Volume 40, Number 4 (2003): 479-519; NOWAK, Martin A. & SIGMUND, Karl. "Evolutionary Dynamics of Biological Games". *Science*, Volume 303, Number 5659 (2004): 793-99.

pulação. A dinâmica do replicador se baseia no pressuposto da reprodução clonal, porém essas dinâmicas e suas variantes também podem descrever a difusão de estratégias por intermédio de mecanismos não genéticos tais como aprendizado, imitação ou outras formas de evolução cultural[123]. Na verdade, modelagem utilizando jogos evolutivos tem sido usada para estudar inclusive a relação entre evolução e moralidade[124].

Há estudos de processos de evolução cultural que enfatizam o ponto de que a imitação e o aprendizado ocorrem mediante mecanismos muito complexos. Luigi Luca Cavalli-Sforza e Marcus W. Feldman empreenderam um estudo quantitativo da dinâmica das frequências e da cinética da transmissão de formas culturais e, no caso da evolução cultura, acrescentaram um segundo modo de seleção, a capacidade de tomar decisões[125]. Na obra *Culture and the Evolutionary Process* [*Cultura e Processo Evolucionário*], Robert Boyd e Peter J. Richerson tentam alcançar uma compreensão mais abrangente dos fatores psicológicos, biológicos e sociológicos que moldam a evolução das culturas construindo diversos modelos simples para capturar vários aspectos

---

[123] NOWAK & SIGMUND. "Evolutionary Dynamics of Biological Games". *Op. cit.*, p. 796.

[124] HARMS, W. Evolutionary Games and the Modeling of Complex Systems. In: HOOKER, C. (Ed.). *Philosophy of Complex Systems*. Oxford: North Holland, 2011. p. 163-76. Cit. p. 167.

[125] CAVALLI-SFORZA, Luigi & FELDMAN, Marcus. *Cultural Transmission and Evolution: A Quantitative Approach*. Princeton: Princeton University Press, 1981. p. 5-6, 10.

qualitativos sob investigação[126]. Na edição de vigésimo-quinto aniversário de *Genes, Mind, and Culture* [*Genes, Mente e Cultura*], de Charles J. Lumsden e Edward O. Wilson, uma das primeiras tentativas de estabelecer uma conexão entre a evolução cultural e genética, Lumsden afirma que os avanços científicos que ocorreram durante os vinte e cinco anos desde a primeira edição do livro, em áreas tais como genética, neurociência e sociologia, indicam que a sociobiologia humana e a coevolução dos genes e culturas requer mais do que unidades atomísticas de informação (memes) e observa que *"a história da mudança genérica e cultural pode ser extremamente complexa, mesmo nos casos mais simples"*[127].

Estou de pleno acordo com as colocações de Lumsden. Admito que a evolução cultural compreende muitos fatores que não devem ser desconsiderados em qualquer tentativa séria de entender mesmo um caso muito particular de evolução cultural, tal como a evolução de instituições fundamentais – ou da propriedade enquanto instituição. Também estou completamente ciente dos aspectos sociológicos e filosóficos diversos e complicados que existem por trás do tratamento científico dessa questão[128]. É importante, também, considerar as especificidades históricas e contingências geográficas

---

[126] BOYD, Robert. & RICHERSON, Peter J. *Culture and the Evolutionary Process.* Chicago: University of Chicago Press, 1985. Cit. p. 24-25.

[127] LUMSDEN, Charles J. "The Next Synthesis: 25 Years of Genes, Mind, and Culture". In: LUMSDEN, Charles J. & WILSON, Edward O. *Genes, Mind, and Culture: The Coevolutionary Process (25th Anniversary Edition)*. Singapore: World Scientific, 2005. p. xv-lv. Cit. p. lii

[128] Embora eu suspeite que essa consciência não seja recíproca.

que sem dúvida participam dos temas sob investigação e que tornam ingênua qualquer pretensão de atingir uma compreensão generalista do assunto. Tudo isso sem levar em consideração os rápidos avanços que emergem continuamente de áreas do conhecimento científico tais como a biologia evolutiva, a genética, a psicologia evolutiva e a neurociência – que costumam ser solenemente desconsideradas por grande parte dos acadêmicos que lidam apenas com as partes sociológicas e filosóficas da questão. Essa falta não de diálogo, mas de interesse, é o que torna difícil transpor o abismo de Snow.

Apresento, agora, um resumo bastante simplificado de como uma abordagem baseada em jogos evolutivos pode ajudar a entender a origem da propriedade como instituição fundamental da modernidade. Farei uma apresentação exclusivamente verbal, para não sobrecarregar este ensaio com tecnicalidades.

Seguirei o conselho de Gregory Chaitin e tentarei manter minha exposição o mais simples possível. De acordo com Chaitin, *"não é necessário muito para que a evolução funcione"*[129]. Assim, meu objetivo será extrair o máximo que puder do mínimo de elementos necessários para que um jogo evolutivo funcione, mesmo correndo o risco de supersimplificar o assunto.

Os memes se reproduzem essencialmente por contágio, assim como as doenças infecciosas. Isso pode ser interpretado como um processo de imitação dos fenótipos bem-sucedidos ao invés de herança de uma geração para outra. Não entrarei no debate filosófico a respeito da relação entre mimese e

---

[129] CHAITIN. *Proving Darwin. Op. cit.*, p. 43.

normatividade, um tópico extremamente amplo, multifacetado, controverso e, por sua natureza, vago, compreendendo abordagens que variam desde a apropriação cultural antropológica[130] até a filosofia política, onde a mimese pode participar ativamente da ação comunicativa[131].

Para meus propósitos, basta assumir que os memes se difundem por imitação e que pode haver uma correspondência entre a taxa de difusão do meme e a força normativa de seus efeitos fenotípicos relacionados. Sugiro que uma modelagem formal adequada poderia se basear na dinâmica epidemiológica, tal como no caso dos modelos matemáticos para a transmissão de doenças infecciosas[132]. Para manter esta abordagem simples, não seguirei por esse caminho. Em vez disso, parto do pressuposto deque a retenção e transmissão de um meme para a próxima "geração" deve ser entendida tanto como sobrevivência quanto como difusão do efeito fenotípico associado, uma ideia que se expressa matematicamente como taxa de variação positiva ao longo do tempo da quantidade de indivíduos que apresentam esse fenótipo específico.

A despeito da existência de vários tipos de modelos evolutivos, todos contêm ao menos *"uma representação do estado da população e uma especificação das leis dinâmicas que dizem*

---

[130] TAUSSIG, Michael. *Mimesis and Alterity: A Particular History of the Senses*. New York and London: Routledge, 1993.

[131] MILLER, Gregg Daniel. *Mimesis and Reason: Habermas's Political Philosophy*. Albany: SUNY Press 2011.

[132] GRASSLY, Nicholas C. & FRASER, Christophe. "Mathematical Models of Infectious Disease Transmission". *Nature Reviews Microbiology*, Volume 6, Number 6 (2008): 477-87.

como o estado dessa população muda no transcurso do tempo"[133]. Uma das abordagens mais diretas disponíveis é o estudo da *dinâmica do replicador*, introduzida por Peter D. Taylor e Leo B. Jonker em 1978 como fundamentação matemática para a proposta de John Maynard Smith (1920-2004) e George R. Price (1922-1975) para a estabilidade evolutiva. Tayor e Jonker supõem que a adaptabilidade ou adequação de um dado fenótipo é uma estimativa de sua taxa de crescimento em comparação com a adequação média da população[134].

Considero o meme como unidade de replicação e quero dizer, com isto, que o reconhecimento da igualdade é uma tendência atribuível a agentes específicos. Ou seja, alguns agentes podem apresentar maior propensão a reconhecer a igualdade do que outros. A totalidade do meu argumento (cujas minúcias matemáticas não explicitarei aqui) baseia-se na premissa de que a seleção natural Darwinista opera sobre esses "memes egoístas" e que os indivíduos que os carregam não são mais do que veículos. Memes são selecionados, mas não diretamente – e sim por seus efeitos fenotípicos. Em outras palavras, os indivíduos carregam os memes que os tornam mais ou menos propensos a expressar certos comportamentos e a dinâmica evolutiva atribui aptidão aos diferentes tipos de indivíduos de acordo com a capacidade adaptativa de suas expressões fenotípicas aos diversos ambientes. Ver a

---

[133] ALEXANDER, J. McKenzie. *The Structural Evolution of Morality*. New York: Cambridge University Press, 2007. p. 25.

[134] TAYLOR, Peter D. & JONKER, Leo B. "Evolutionary Stable Strategies and Game Dynamics". *Mathematical Biosciences*, Volume 40 (1978): 145-56; ALEXANDER. *The Structural Evolution of Morality. Op. cit.*, p. 28.

predominância de um dado fenótipo significa que os memes que "programam" os indivíduos a expressá-lo foram os mais selecionados.

Devo, também, enfatizar que a ideia de um meme para *"reconhecimento da igualdade"* significa que memes podem expressar efeitos fenotípicos que apresentam graus diversos de força normativa. Um indivíduo que é mais propenso a reconhecer a igualdade também é mais propenso aos efeitos normativos de *"manter suas promessas"*. A afirmação central de Richard Dawkins em *The Extended Phenotype* [*O Fenótipo Estendido*] é que *"o replicador deve ser imaginado como algo que tem efeitos fenotípicos estendidos, consistindo em todos os seus efeitos no mundo como um todo, não somente seus efeitos no corpo individual no qual se encontra instalado"*[135]. Isso indica uma possível base evolutiva para o desenvolvimento de uma arquitetura normativa do domínio político e social da modernidade. Um tratamento mais abrangente desse assunto extremamente ambicioso demanda uma discussão a respeito da relação entre memes e atos de fala comissivos. Não entrarei nesta empreitada aqui, mas em essência concordo com a afirmação de Mikhail Kissine:

> [...] a função de um dispositivo linguístico explica sua reprodução, limitada às características relevantes, a partir de símbolos anteriores: a saber, de ancestrais dentro de sua família memética. Sob uma tal análise, a de que um certo tipo de elocução é convencionalmente associada à força comissiva, isso

---

[135] DAWKINS. *The Extended Phenotype. Op. cit.*, p. 4.

significa que o desempenho dos atos de fala comissivos é função dessas elocuções[136].

Ademais, promessas induzem à crença de que quem fez a promessa pretende realizar uma determinada ação e não cumprir a promessa corresponde à indução de representações falsas a respeito do futuro, um comportamento que pode apresentar consequências evolutivas:

> [...] o comportamento cooperativo (por exemplo nossa abstenção de induzir crenças falsas a outras pessoas) é uma estratégia evolutiva adaptativa, em parte porque nos ajuda a atingir objetivos de longo prazo, mesmo quando se trata de objetivos que competem com ganhos egoístas de curto prazo e dependentes de desejos. [...] Na realidade, qualquer crença pode ser revisada, mas a revisão de uma representação do mundo não ocorre sem custos. Assim, mantendo todo o resto constante, é evolutivamente vantajoso para um indivíduo evitar interações com aqueles que induzem, repetidamente, falsas representações a respeito do futuro[137].

No caso específico da propriedade moderna, afirmei anteriormente que o reconhecimento da igualdade é necessário para termos direitos de propriedade bem-definidos. Esse reconhecimento implica em uma maior propensão para se

---

[136] KISSINE, Mikhail. *From Utterances to Speech Acts*. New York: Cambridge University Press, 2013. p. 152.

[137] Idem. *Ibidem.*, p. 158.

comprometer, o que é um comportamento cooperativo visto que evita a indução consciente de representações falsas a respeito do futuro. A propriedade não pode ser considerada alienável sem a aceitação mútua de que as promessas referentes às transações são feitas para ser cumpridas. Antes da propriedade moderna, quando a propriedade era vista como não mais do que um "pacote de coisas", seria razoável esperar que os indivíduos fossem menos propensos a se comprometerem - logo, expressavam um comportamento menos cooperativo.

Em resumo, na época de Hugo Grotius, havia uma maior expressão do fenótipo não-cooperativo (não propenso a se comprometer) na população. Isso passou a mudar na época de Samuel Pufendorf, a partir do maior reconhecimento da igualdade e da correlação entre direitos e deveres. No primeiro momento, portanto, os agentes não-cooperativos com relação ao reconhecimento da igualdade e dos direitos de propriedade não eram suficientemente penalizados. Porém as condições ambientais se alteraram rapidamente e o desenvolvimento acelerado do comércio, das finanças e de novas relações bancárias, diante do próprio mundo em rápida expansão, exerceu uma pressão seletiva que passou a favorecer mais o fenótipo cooperativo (propenso a reconhecer a igualdade e os direitos de propriedade).

III - Conclusões

Conforme afirma o historiador Richard Pipes:

Em algum momento durante o período da história da Europa vagamente chamado de "início da modernidade", ocorreu uma grande ruptura na atitude com relação à propriedade. Foi consequência da notável expansão do comércio que começou no final da Idade Média e que se acelerou em seguida à descoberta do Novo Mundo. Antes dessa época, a "propriedade" basicamente significava terra; e, dado que a terra se encontrava inextricavelmente conectada aos poderes da soberania, as discussões a respeito da propriedade levantavam questões sobre a autoridade real (ou papal). Com o aparecimento do comércio, entretanto, a propriedade, em algumas partes da Europa, também passou a significar capital; e o capital estava livre da associação com a política, sendo tratado como um ativo pessoal e, como tal, possuído sem qualificações[138].

De acordo com Pipes, um dos fatores que contribuiu para a ascensão da instituição da propriedade moderna foi o aumento do individualismo junto com o reavivamento da ideia estoica de lei da natureza, na forma da concepção de que *"todos os homens possuem direitos inatos que os governos não podem violar porque os Estados foram criados para o propósito expresso de protegê-los"*[139]. Pipes também identifica uma relação estreita entre a propriedade e a política, observando que os tratados políticos do início da modernidade reconheciam a instituição do governo e a fundação do Estado como meios

---

[138] PIPES, Richard. *Property and Freedom*. New York: Alfred A. Knopf, 1999. p. 25.
[139] Idem. *Ibidem.*, p. 27.

para proteger a propriedade privada[140]. Baseio-me em Pipes para minha afirmação de que a propriedade pode ser considerada como uma instituição fundamental da modernidade (e, em particular, da política moderna).

Considerando a propriedade como uma instituição, Richard Pipes entende a aquisição como fenômeno universal (entre animais humanos e não humanos, e em diversos contextos temporais e culturais) enraizado no instinto de autopreservação. Também defende que a propriedade reside no fundo de toda organização política humana. No caso mais específico da modernidade ocidental, observa que a autoridade pública é criada principalmente para proteger e garantir a segurança da propriedade – de fato, Pipes argumenta que, antes da criação do Estado, não havia propriedade, mas sim apenas possessão. Assim, as liberdades civis e políticas se relacionam com a propriedade na medida em que, na modernidade, o direito à propriedade se encontra protegido pelo Estado, mas também é um direito que protege os indivíduos do Estado, limitando seu poder e possibilitando a afirmação da liberdade[141]. Em concordância com Pipes, afirmo que a propriedade institucionaliza a política moderna e pode ser adequadamente considerada com uma instituição fundamental constitutiva da modernidade, dado que a transição moderna para a propriedade alienável, que acompanhou as mudanças nos motivos do início da modernidade com respeito à lei natural, corresponde à afirmação progressiva da noção moderna de direitos ina-

---

[140] Idem. *Ibidem.*, p. 28.
[141] Idem. *Ibidem.*, p. 116-18.

lienáveis. Em outras palavras, o direito de alienar a propriedade emana do reconhecimento entre iguais do direito mais fundamental à propriedade, um direito fundamental que deu origem ao desenvolvimento da relação moderna entre a política e os direitos (civis).

A justificativa para meu argumento evolutivo é que os direitos de propriedade bem-definidos exigem o reconhecimento da igualdade, o que implica em uma maior propensão a se comprometer. Essa propensão, no período entre Hugo Grotius e John Locke, passou a ser predominante na população - dado que as rápidas mudanças no ambiente econômico e social conferiram desvantagem evolutiva à propensão a não cumprir promessas e a não reconhecer a igualdade dos demais. Obviamente, minha abordagem é formalizável matematicamente, porém poupei o leitor de se deparar com símbolos matemáticos e equações. Também é uma abordagem propensa à realização de experimentos *in silico*, porém considerei desnecessário entrar nessa discussão aqui[142].

Quando nos debruçamos sobre o tema da propriedade – e sua inevitável conexão com a liberdade –, podemos nos ver tentados, assim como Ludwig von Mises (1881-1973), a considerar que a *"cooperação social é produto da razão e da mente"*. Partindo de uma perspectiva francamente idealista, é uma posição defensável, porém prepara o caminho para uma concepção sociológica da atividade científica e do desenvolvimento da ciência que flerta com o relativismo.

---

[142] Ver, por exemplo: CIOFFI-REVILLA, C. *Introduction to Computational Social Science: Principles and Applications*. London: Springer-Verlag, 2014.

Particularmente, prefiro entender a cooperação social como produto de processos de evolução adaptativa (que não se limitam, obviamente, à espécie humana), bem como a razão e a mente, ou estado de mentalidade (também resultado da evolução biológica)[143] como instrumentos que desenvolvemos utilizamos para interpretar e conferir significados. Atribuir a cooperação social à razão e à mente conduz ao risco de tornar a liberdade contingente. Esse risco é evitado quando a relação entre propriedade e liberdade emerge de um processo de adaptação evolutiva. Pode ser que minha abordagem faça da intencionalidade uma indulgência desnecessária? Sim. Mas é um preço pequeno a se pagar diante da possibilidade de relativizar a liberdade.

Um dos principais objetivos de minha abordagem foi mostrar que um tratamento rigorosamente científico – embora seu desenvolvimento mais detalhado e adequado ultrapassaria os objetivos deste ensaio – é totalmente compatível com uma leitura humanística. Assim, as "duas culturas" que preocupavam Charles Percy Snow são, também, objeto de minha preocupação. Em um dos elogios mais inspirados do empreendimento científico, o astrônomo Carl Sagan (1934-1996) nos recorda, de maneira extremamente eloquente, que *"a pseudociência é abraçada [...] na proporção exata em que a ciência real é incompreendida"*[144]. Para aqueles que compartilham de sua concepção – como é totalmente meu caso – o

---

[143] LLINÁS. *I of the Vortex. Op. cit.*
[144] SAGAN, Carl. *The Demon-Haunted World: Science as a Candle in the Dark.* New York: Ballantine Books, 1996. p. 15.

analfabetismo científico não é motivo de orgulho (embora não seja tão grave quanto a atitude condescendente dos que se arrogam capacidade de arbítrio sobre searas que não são de seu conhecimento e muito menos competência). Mais do que um corpo de conhecimentos, aprendi de Carl Sagan que a ciência é um modo de pensar. A afirmação de qualquer certeza absoluta, a aceitação de qualquer argumento fundamentado em pretensa autoridade, mesmo que seja (e talvez principalmente!) a autoridade do senso comum, inclusive do próprio senso comum que estabelece um abismo entre a ciência e as humanidades, tem apenas uma consequência: a abdicação da liberdade de pensamento e a submissão à arbitrariedade do dogmatismo ideológico.

Índice Remissivo e Onomástico

A

Ação Humana ver *Human Action*
Acionista, 84
Acton, John Emerich Edward Dalberg-Acton (1834-1902), 1º Barão Acton, Lorde, 65
Adaptação, 124, 131, 201, 239, 260
Affeldt, Robert J. (1921-2005), 214
Agnosticismo, 60
Alberto Magno, Santo (1193-1280), 213
Alemanha, 26, 30, 39, 45, 52, 126, 154, 183
Alker, Hayward R. (1937-2007), 246
Allais, Maurice (1911-2010), 70, 72, 171, 181
Alocação, 16, 157
Alpes, 66, 120
Althusius, Johannes (1557-1557), 149
Altruísmo, 239, 242
Ambrósio, Santo (340-397), 213-14
American Economic Association (AEA) [Associação Econômica Americana], 30
Ancien régime [Antigo Regime], 29, 49, 206
Angell, Norman (1872-1967), 38
Anticomunista, 151-52
Anti-Corn Law League [Liga Contra as Leis de Cereais], 28
Antígona, de Sófocles, 116, 160-61
Antiliberalismo, 150
Antoni, Carlo (1896-1959), 171, 182
Aquino, Santo Tomás de ver Tomás de Aquino
Aristocrata, 77, 80
Aristóteles (384-322 a.C.), 148, 214
Assalariado, 83, 110-11, 156
Atacadista, 106
Atlanta, 56
Atlântico, 36, 64
Atlas Economic Research Foundation, 46
Austrália, 68
Áustria, 39-40, 60, 65
Auxerre, Guilherme de ver Guilherme de Auxerre
Axelrod, Robert (1943-), 199-200, 239

B

Baird, Robert W. (1883-1969), 62
Banco, 45
Barth, Hans (1904-1965), 171

Barth, Theodor (1849-1909), 29
Bastiat, Frédéric (1801-1850), 26, 28, 30, 50
Baudin, Louis (1887-1964), 50
Beethoven, Ludwig van (1770-1827), 116, 161
Bélgica, 36, 177
Bell, Alexander Graham (1847-1922), 133
Bens públicos, 27, 53
Berle Jr., Adolf Augustus (1895-1971), 105
Bismarck, Otto von (1815-1898), 149
Blackmore, Susan (1951-), 242
Bleier, Ernö (1897-1969), 39-41
Boehm, Chris (1931-), 239
Böhm-Bawerk, Eugen von (1851-1914), 13-14, 16-17, 59-60
Böhmert, Viktor (1829-1918), 29
Bolchevique, 96, 135, 152
Bonaparte, Napoleão *ver* Napoleão Bonaparte
Boston, 126
Bourbon, 149
Boyd, Robert (1948-), 249
Brace, Laura, 204
Brandt, Karl (1904-1948), 65, 68, 171
Braun, Karl (1822-1893), 29
Breza, Robert, 39
Briand, Aristide (1862-1932), 38
Bright, John (1811-1889), 26, 28
Broglie, Louis de (1892-1987), 126
Brooklyn College, 69
Brown, John T. (1876-1951), 62
Bruto, Marco Júnio (85-42 a.C.), 128, 139
Bruxelas, 36-37
Bueno de Mesquita, Bruce (1946-), 205
Burch, Kurt (1958-), 204-05
Burckhardt, Jakob (1818-1897), 188
Burguês, 96, 144, 159
Burocrata, 16, 19, 45, 107

C

Cálculo econômico, 16, 33, 50, 53, 65, 157
Cálculo Econômico em uma Comunidade Socialista, O ver *Wirtschaftsrechnung im sozialistischen Gemeinwesen, Die*
Calígula, [Caio Júlio César Augusto Germânico] (12-41), 91
Calvinismo, calvinista, 60
Calvino, João (1509-1564), 60
Caminho da Servidão, O ver *Road to Serfdom, The*
Canadá, 60
Cannan, Edwin (1861-1935), 32, 106
Capitalismo, 16-19, 21-22, 33, 35, 41-44, 48, 61, 81-82, 88, 90-91, 97, 110, 114-16, 144, 146-47, 150, 156-58
Capitalista, 15, 20, 22, 42, 82, 84, 106-07, 110, 114, 133, 153, 156, 224
Capone, Al [Alphonse Gabriel] (1899-1947), 123
Cássio Longino, Caio (85-42 a.C.), 138
Cato Institute, 46
Cavalli-Sforza, Luigi Luca (1922-), 249
Censeur Européen, 28
Centre Danubien, 48
César, Caio Júlio (100-44 a.C.), 128, 139
Chaitin, Gregory (1947-), 236-8, 251

Chamberlin, William Henry (1897-1969), 34, 178
Chambord, Henrique D'Artois (1820-1883), Conde de, 121
Chicago, 45, 53, 58, 62-63, 178, 181
China, 158
Cícero, Marco Túlio (106-43 a.c.), 228
Cidade do México, 65
Ciência, 12, 20, 16-30, 42, 91, 98, 122, 124-25, 128, 131-32, 138, 150, 182, 200, 208, 230, 232, 236, 238, 244, 259-61
Cité Libre, *La* [*Cidade Livre, A*], de Walter Lippmann, 48
Civilização ocidental, 25, 27, 34, 114, 116, 135, 144, 147, 164, 183
Clapham, Sir John (1874-1946), 178
Clark, John Bates (1847-1938), 30
Cliente, 19, 82, 84, 89, 106
Coase, Ronald (1910-2013), 53
Comércio, 35, 167, 207, 256-57
Commission Internationale de Coopération Intellectuelle (CICI) [Instituto Internacional de Cooperação Intelectual], 48
Comte, Charles (1782-1837), 27-28
Comunismo, 16, 60-61, 103, 150
Comunista, 62-63, 91, 93, 98, 150-52
Concorrência, 32, 44, 54, 71, 166-67
Consumidor, 15, 18-19, 45, 80, 82-84, 88-90, 93, 105-7, 110-1, 156, 166
Cooperação, 36, 60, 67, 102-3, 124, 132, 134, 136-7, 144-5, 157, 168, 199, 259-60
Corporação, 105-06
Cortney, Philip (1895-1972), 55
Courbet, Gustave (1819-1877), 85
Courtin, René (1900-1964), 178
Crédito, 22, 54, 111, 166
Credor, 15, 112
Cristandade, 118, 217, 219
Cristianismo, 61, 183
Crítica ao Intervencionismo ver *Kritik des Interventionismus*
Chroust, Anton-Hermann (1907-1982), 214
Crowther, J. G. [James Gerald] (1899-1983), 91
Cuba, 68
Cultura, cultural, 12, 27, 49, 115-16, 119-20, 158, 196-97, 201, 235, 238-41, 244-45, 249-50, 252, 258, 260
Culture and the Evolutionary Process [*Cultura e Processo Evolucionário*], de Robert Boyd e Peter J. Richerson, 249-50

D

D'Artois, Henrique ver Chambord, Conde de
Darwin, Charles (1809-1882), 242
Darwinista, darwinismo, 141, 235-36, 242, 244, 246, 253
Davenport, John (1904-1987), 69, 171
Dawkins, Richard (1941-), 238, 240, 246, 254
Demanda, 15, 18-19, 59, 189, 254
Democracia, 19, 31, 76, 84
Democrata, 150
Dennett, Daniel (1942-), 242
Dennison, Stanley (1912-1992), 171
De Puydt, Paul Émile (1810-1891), 27
Descartes, René (1596-1650), 123, 128
Desemprego, 166

Deus, 132, 138, 215, 217, 222, 224, 230-32, 234
Dever, 93, 105, 157, 179, 226, 231, 233, 235
Dinheiro, 15, 54-55, 59, 102, 111
Director, Aaron (1901-2004), 57, 171, 181
Direito, 22, 44, 53, 76, 84, 93, 116, 124, 138-39, 147, 149, 152, 155, 159, 167, 174, 194, 203-04, 210-11, 215-17, 221-29, 231-33, 235, 255-59
Direito corporativo, 71
Direito de marcas e patentes, 71
Direito de propriedade, 35, 42, 53, 105, 153-54, 204-06, 210-11, 214, 219, 221-22
Direitos civis, 78, 102
Divisão do trabalho, 51-2, 103, 144, 157
Doutrina, 14, 42, 47-48, 93, 104, 114, 118-20, 122-26, 129-32, 134-42, 149
Dresden, 52
Dunoyer, Charles (1786-1862), 27-28
Duns Scotus, Johannes (1266-1308), 220

E

Eastman, Max (1883-1969), 68, 178
Economia, 16, 26, 29, 33, 44, 50, 57, 59, 67, 88, 103, 132, 174, 180, 226
Economia de comando, 166
Economia de mercado, 19, 52, 67, 88, 103, 106, 111-12, 155, 165-67
Economia planificada, 155
Economia Política, 14, 26, 29, 31-32, 180

Ederington, L. Benjamin, 205
Educação, 54, 58, 76, 140, 148, 182
Educação liberal, 149
Eficiência, 22, 51, 114, 156
Einaudi, Luigi (1874-1961), 178
Eleitor, 49, 84, 93, 167
Ellis, Howard (1892-1968), 178
Ely, Richard Theodore (1854-1943), 30
Engels, Friedrich (1820-1895), 31, 86
Empirismo, 126
Empregado, 15, 28, 56, 82, 88, 111
Emprego, 55, 80, 156
Empreendedor, 15-16, 20-21, 82, 84, 98, 108, 156, 161
Empregador, 15, 32, 88, 156
Empresário, 16, 19, 39, 54-55, 58, 62, 66, 82, 86
Empréstimo, 15, 106, 217, 221
Era das Luzes, 147
Escandinávia, 120
Escassez, 53
Escola Austríaca, 12-13, 17, 20, 22, 60-61
Escola de Cambridge, 91
Escola de Chicago, 57-8
Escola de Manchester, 34, 41-42, 50
Escola de Salamanca, 217-19
Escola Historicista Alemã de Economia, 30, 45
Escolástica, 83, 209, 212, 214, 218-19, 226, 247
Escravidão, 78, 90, 147, 155
Escravo, 77, 83, 101, 104, 145, 148-49, 157
Especulador, 106
Esquerdista, 50, 150
Estado, 20, 22, 28, 34, 53, 101-05,

114-15, 145-46, 151, 153, 159, 194, 257-58
Estado de bem-estar social, 111
Estados Unidos, 126, 130, 164
Estatismo, 12, 23, 42, 46
Estocolmo, 37
Estoico, 221
Ética, 26, 214
Eucken, Walter (1891-1950),
Europa, 38, 66, 69, 77, 146, 159, 172, 183, 206-07, 257
Europa Central, 130
Europa Ocidental, 26, 211
Europa Oriental, 130-1
Europäische Wirtschafts-Union (EWU) [União Econômica Europeia], 38
Evolução, 100, 141, 147, 192, 197, 201-02, 205, 208-09, 211-12, 234-38, 241-51, 260
Excedente, 53, 226
Extended Phenotype, The [*Fenótipo Estendido, O*], de Richard Dawkins, 197, 254
Eyck, Erick (1878-1964), 170

F

Fábrica, 18, 81-84, 88, 90, 98, 107, 156
Faith and Freedom da *Spiritual Mobilization*, 61
Fascista, 93, 151-52
Faucher, Julius (1820-1878), 28
Federal Reserve [Reserva Federal], 55
Feldman, Marcus W. (1942-), 249
Fenótipo Estendido, O ver *Extended Phenotype, The*
Fernando I (1503-1564), 139
Fertig, Lawrence (1898-1986), 71

Fetter, Frank A. (1863-1949), 30, 84
Feudalismo, 205, 216
Filosofia, 114
Filosofia política, 178, 191, 231, 258
Finanças, 262
First Tract of Government [*Primeiro Tratado sobre o Governo Civil*], de John Locke, 227
Fisher, A. G. B. [Allan George Barnard] (1895-1976), 178
Física, 124, 126
Fisiocratas, 26
Florença, 206
Ford Foundation, 105
Fortune Magazine, 69
Foundation for Economic Education (FEE), 24, 31, 54-55, 64, 66
França, 26, 30, 45, 121, 129, 149
Frederico Guilherme III (1770-1840), 149
Freud, Sigmund (1856-1939), 85
Friburgo, 181
Friedman, Milton (1912-2006), 46, 57, 69, 171
Fulton, Robert (1765-1815), 133
Fundos, 39, 55, 63, 66, 156, 175, 189-90

G

Gemeinwirtschaft: Untersuchungen über den Sozialismus, Die [*Economia Coletiva: Estudos sobre o Socialismo, A*], de Ludwig von Mises, 33
Genebra, 37, 66, 69, 170
George III (1738-1820), 149
Geiringer, Ernst (1892-1978), 39, 41
Geiringer, Trude [Gertrude] (1890-

1981), 39
Gene Egoísta, O ver *Selfi sh Gene, The Genes, Mind, and Culture* [*Genes, Mente e Cultura*], de Charles J. Lumsden e Edward O. Wilson,
Gênova, 206
Georgia, 56
Gideonse, Harry (1901-1985), 68-69, 171
Gödel, Kurt (1906-1978), 237
Goodrich, Pierre F. (1894-1973), 55
Governo, 19, 21, 25-29, 32, 42, 44-45, 49, 51-54, 57, 67, 76, 83, 91, 101-05, 116, 130, 145-48, 150, 153, 156, 161, 166-68, 205, 227, 257
Governo privado, 104
Governo Onipotente ver *Omnipotent Government*
Grã-Bretanha, 31, 130
Graham, Frank (1890-1949), 170
Graziadei, Antonio (1872-1953), 152
Grécia, 146, 148
Gregório de Nissa, São (335-394), 213
Grotius, Hugo (1583-1645), 149, 209-10, 220-25, 228-31, 233-35, 246, 256, 259
Grundlinien der Philosophie des Rechts [*Princípios da Filosofia do Direito*], de Georg Wilhelm Friedrich Hegel, 139
Guilherme de Auxerre (1145-1231), 213
Guilherme de Ockham (1285-1347), 209
Günther, Christian (1886-1966), 38, 40
Guyot, Yves (1843-1928), 50
Gymnasium, 149

H

Haakonssen, Knud (1947-), 230-1
Habeas corpus, 146
Haberler, Gottfried (1900-1995), 42
Haia, 38
Hahn, L. Albert (1889-1968), 55
Hale, Robert L. (1884-1969), 104
Hallowell, A. Irving (1892-1974), 203
Harper, F. A. [Floyd Arthur] (1905-1973), 69, 171
Harvard Business Cycle Index, 59
Hasnas, John (1953-), 226
Hayek, F. A. [Friedrich August von] (1899-1992), 9, 42-44, 46, 49, 63-70, 164-65, 168, 170-71, 201, 238, 243
Hazlitt, Henry (1894-1993), 9, 66, 69, 164, 170
Heckscher, Eli (1879-1952), 178
Hegel, Georg Wilhelm Friedrich (1770 1831), 139
Hegelianismo, 183
Heilperin, Michael A. (1909-1971), 55
Heisenberg, Werner (1901-1976), 126
Henrique IV (1553-1610), 121
História, 16, 18, 22, 25-26, 43, 49, 119, 121, 123, 125, 128-29, 137, 142, 144, 159, 167, 174, 181, 192, 194, 250, 257
História Cultural, 119
Historiador, 34, 65, 68, 77, 83, 118, 146-48, 162, 174, 177, 256
Historicismo, 126
Hoff, Trygve (1895-1982), 65, 170
Holanda, 38, 77, 177
Human Action: A Treatise on Economics [*Ação Humana: Um Tratado sobre Economia*], de Ludwig von

Mises, 60
Hume, David (1711-1776), 133
Hunold, Albert (1899-1980), 66, 171, 175, 190
Hytten, Torleiv (1890-1980), 68

I

Idade Antiga, 17
Idade Média, 18, 236, 257
Igreja, 146, 213
Igreja Anglicana, 60
Igreja Católica, 60-61
Igualdade, 147, 210-21, 220, 224, 226, 229, 232, 235, 253-56, 259
Igualitarismo, 49, 210, 233, 235, 239
Imposto, 55, 89, 102
Imprensa, 38, 40, 54, 146, 179
Índia, 158
Indivíduo, 13-15, 21-22, 46, 82, 85, 89-90, 96-97, 100-04, 111, 114-16, 123, 134-35, 141, 146, 150, 155-56, 159, 166, 172, 183, 192, 194, 203, 211, 217, 238, 246, 252-56, 258
Individualista, 22, 98, 114-15
Indústria, 54, 80, 83, 85, 98, 106-07, 111, 147
Inglaterra, 26, 77, 127, 149, 154, 174, 182
Inovação, 107
Inquiry into the Principles of the Good Society [*Investigação sobre os Princípios da Boa Sociedade*], de Walter Lippmann, 47
Institute for Humane Studies (IHS), 46, 66
Institute of Economic Affairs (IEA), 46

Intelectual, 26, 28-31, 33, 42, 44, 46, 50, 56-57, 60, 85, 98, 140, 158-59, 167, 172, 174, 183, 193, 207-09, 230
International Workingmen's Association (IWA) [Associação Internacional dos Trabalhadores], 154
International Chamber of Commerce (ICC) [Câmara de Comércio Internacional], 35, 47
International Free Trade Organisation [Organização Internacional de Livre Comércio], 36
Intervencionismo, 12, 17, 21, 34, 43-44, 52, 61-3, 67, 72, 165, 168
Investimento, 33, 111, 137, 159
Irvington-on-Hudson, 55, 58
Iversen, Carl (1899-1978), 171
Itália, 149, 151-52

J

Japão, 158
Jefferson, Thomas (1743-1826), 149
Jevons, William Stanley (1835-1882), 127
Jewkes, John (1902-1988), 171
João XXII, papa [Jacques d'Euse] (1249-1334), 208
Jonker, Leo B., 253
Jouvenel, Bertrand de (1903-1987), 69, 171
Juros, 14-15, 55, 59, 206
Justiça, 26, 51, 138-39, 160, 218

K

Kafka, Franz (1883-1924), 85
Kansas City, 66, 68, 190

Kapital und Kapitalzins [*Capital e Juros*], de Eugen von Böhm-Bawerk, 59
Keohane, Robert (1941-), 198
Keynes, John Maynard (1883-1946), 31
Kierkegaard, Søren (1813-1855), 85
Kirk, Russell (1918-1994), 66
Kissine, Mikhail (1980-), 254
Knight, Frank H. (1885-1972), 57, 69, 170
Knopf, Alfred (1892-1984), 65
Kohn, Hans (1891-1971), 178
Kolmogorov, Andrei Nikolaevich (1903-1987), 237
Kongress Deutscher Volkswirte [Congresso dos Economistas Alemães], 28
Kritik des Interventionismus: Untersuchungen zur Wirtschaftspolitik und Wirtschaftsideologie der Gegenwart [*Crítica ao Intervencionismo: Estudo sobre a Política Económica e a Ideologia Atuais*], de Ludwig von Mises, 34

L

Labor Party [Partido Trabalhista], 154
Lavergne, Bernard (1884-1975), 48
Lavoisier, Antoine Laurent de (1743-1794), 132
Laissez-faire, 25, 32, 42-45, 47, 50-51, 57, 61, 70-72, 103, 146, 150, 166
Laski, Harold (1893-1950), 151, 153-54
Lei da preferência temporal, 14
Lei da utilidade marginal decrescente, 14

Lei Divina, 208, 217
Lei Natural, 205, 207-10, 212-13, 216-18, 220-23, 225-27, 229-35, 257-58
Lei Sherman, 45
Lenin, Vladimir (1870-1924), 89-90
Lette, Wilhelm Adolf (1799-1868), 28
Lewis, Orion A., 239
Liberalismo ver *Liberalismus*
Liberalismo, 16-17, 22, 31, 42-43, 45, 48-51, 57, 70, 150, 176, 187
Liberalismo político, 26
Liberalismo clássico, 28, 31-32, 34, 49, 54, 56, 70
Liberalismo de Manchester, 47
Liberalismus [*Liberalismo*], de Ludwig von Mises, 34
Liberdade, 39, 49, 53, 56-57, 60, 62, 67, 71, 73, 76-78, 80, 85, 89-91, 93, 96-98, 100-05, 114, 116, 144-55, 157-59, 161, 164-67, 181-82, 192-94, 211, 220, 226, 258-61
Liberdade de imprensa, 146
Libertarian Press, 24
Libertarianismo, 33, 57
Libertário, 19-20, 50, 60, 65-66, 71-72
Libre Échange, 28
Liga das Nações, 37
Lincoln, Abraham (1809-1865), 76
Lippmann, Walter (1889-1974), 46-48, 50-52, 64, 71, 178
Livre comércio, 24, 28, 35-38, 40-41, 134, 167
Livre escolha, 76, 116
Livre mercado, 17, 29, 43, 54, 58, 60
Llinás, Rodolfo (1934-), 242
Locke, John (1632-1704), 149, 210-11, 223-30, 233-35, 246, 259

Londres, 46, 153-54
Los Angeles, 61
Lovinfosse, Henri de (1897-1977), 171
Lucro, 14-6, 88, 111, 137
Luhnow, Harold W. (1895-1978), 66, 190
Lumsden, Charles J. (1949-), 250
Lutero, Martinho (1483-1546), 60, 139
Lutz, Friedrich (1901-1975), 55, 178
Luxo, 40, 83, 136

M

Machlup, Fritz (1902-1983), 42-43, 46, 69, 171
Macpherson, C. B. [Crawford Brough] (1911-1987), 229
Madariaga, Salvador de (1886-1978), 178
Maestri, Raúl (1908-1973), 68
Maioria, 18-20, 29, 72, 76-78, 82, 85-86, 88, 112, 116, 133, 139, 150, 172, 245
Mais-valia, 13
Malthus, Thomas (1766-1834), 80
Manchas solares [*Sunspots*], 127
Manchester, 34, 41-42, 47, 50
Manchesteriano, 48, 57, 69
Manhattan, 55, 126
Mantoux, Étienne (1913-1945), 179
Mantoux, Paul (1877-1956), 38, 69
Marlio, Louis (1878-1952), 48
Marx, Karl (1818-1883), 31, 86, 122, 153-54
Marxista, 13-14, 16, 31, 98, 111, 121, 135, 152
Maryland, 126
Massachusetts, 126
Massas, 18, 67, 70, 77, 81-83, 93, 98, 106, 115, 134, 141, 150, 168
Matemática, 141, 230, 236, 248, 252-53, 259
McMullin, Ernan (1924-2011), 243
Menger, Carl (1840-1921), 12-14, 16-17, 133
Mentalidade, 39, 45, 47, 118-19, 123, 161, 242, 260
Mercado, 15, 18-20, 28-9, 32, 49, 51-53, 59, 67, 71, 80, 82, 84-85, 88, 90, 98, 103, 106, 110-12, 155, 165-67, 193-94, 235
Mercadoria, 82, 103, 167
México, 65, 68
Mill, John Stuart (1806-1873), 31
Miller, Loren, 171
Minoria, 18-19, 71, 76-77, 84-85, 116, 148, 177
Mises, Hilda von (1893-1973), 39
Mises, Ludwig von (1881-1973), 8-9, 12, 24-25, 31, 33-34, 39, 41, 46, 48, 50, 52, 54-55, 58-61, 66, 69-71, 119, 164-65, 168, 170, 259
Mises, Margit von (1890-1933), 9, 47
Mises, Richard von (1883-1953), 39
Missouri, 66, 69, 190
Modernidade, 197, 202-06, 208-12, 215, 218-24, 234-36, 241, 251, 254, 257-58
Molinari, Gustave de (1819-1912), 27-28, 32, 50
Monarcômaco, 149
Monet, Claude (1840-1926), 85
Monopólio, 20, 42-43, 45, 71, 167, 175
Montes de Oca, Luis (1894-1958), 68-69
Mont Pelerin Society, 8-10, 17, 24, 46, 63-64, 66, 69-71, 73, 116, 164,

170-71, 191, 193-94
Morgan, Charles (1894-1958), 178
Morgenthau, Hans (1904-1980), 198
Morley, Felix (1894-1982), 170
Mossoff, Adam, 222-23
Muthesius, Volkmar (1900-1979), 52

N

Nacionalização, 32, 90
Nachtwächterstaat [Estado vigia noturno], 103
Napoleão Bonaparte (1769-1821), 133
National Industrial Conference Board (NICB) [Conselho da Conferência Nacional das Indústrias], 54
National Recovery Administration (NRA) [Administração de Recuperação Nacional],
Nationalökonomie: Theorie des Handelns und Wirtschaftens [*Economia: Teoria da Ação e da Atividade Econômica*], de Ludwig von Mises, 167
Natureza humana, 102, 145, 230-31, 233
Nash, George H. (1945-), 34
Nazista, 93, 116, 129, 134, 137, 166
Neanderthal, 139
Neoliberalismo, 44-49, 64
New Deal, 45, 129, 167
New Leader, 68
Newman, John Henry (1801-1890), 141
Newson, Lesley (1952-), 239
New York University (NYU), 54, 66
Nissa, São Gregório de *ver* Gregório de Nissa, São

Nobreza, 17
Nona Sinfonia (Op. 125), de Ludwig van Beethoven, 161
Noruega, 65
Nova York, 38-9, 55, 58, 64-65, 69, 104, 126
Nymeyer, Frederick (1897-1981), 24, 58-63

O

Ocidente, 98, 146, 158-60
Ockham, Guilherme de *ver* Guilherme de Ockham
Oelindustrie-Gesellschaft, 39
Oligarquia, 18, 76, 148
Omnipotent Government [*Governo Onipotente*], de Ludwig von Mises, 42, 58
Onuf, Nicholas (1941-), 201
Operador de bolsa de valores, 106
Oppenheim, Heinrich Bernhard (1819-1880), 28
Oppenheimer, Franz (1864-1943), 38
Ordem jurídica, 51
Ordem social, 78, 93, 218, 246
Ordoliberalismo, 55
Oriente, 98, 146, 159, 161
Orton, W. A. [William Aylott] (1889-1952), 178
Orwell, George [Eric Arthur Blair] (1903-1950), 92-93
Oslo, 65

P

Padrão-ouro, 55, 167
Países Baixos, 220-21
Pareto, Vilfredo (1848-1923), 32
Paris, 24, 37, 47-48, 64, 69, 71, 181

Partido, 90, 92-3, 129, 137, 152, 164, 167, 172, 194
Partido Trabalhista *ver* Labor Party
Partido único, 90, 93, 152
Patrística, 83, 216
Península Ibérica, 207
Perroux, François (1903-1987), 42
Pipes, Richard (1923-), 256-58
Planejamento, 16, 33, 63, 90, 93, 103, 150
Plant, Arnold (1898-1978), 178
Platão (427-347 a.C.), 128, 148
Plotkin, Henry (1940-), 244
Pobre, 78, 83, 110, 140, 153, 159
Pobreza, 98, 156-57, 159
Poder público, 104
Pohle, Ludwig (1869-1926), 32
Polanyi, Michael (1891-1976), 46, 69, 170
Política, 19-20, 22, 25, 28-29, 32, 34-36, 38, 41-42, 46-47, 49-51, 54, 57, 61, 66, 70, 72, 85, 90, 111-12, 119, 130-31, 137, 141, 146, 149, 152, 154, 167, 174-75, 180, 182, 184, 192, 198-200, 203-06, 211, 214, 219, 223, 225, 238, 244-45, 252, 257-59
Popper, Karl (1902-1994), 69, 171
Porter, Jean (1955-), 218
Positive Program for Laissez-Faire, A [*Programa Positivo para o Laissez-Faire, Um*], de Henry Calvert Simons, 32, 45
Positivismo, 126, 183
Poupança. 111
Povo, 18, 76, 82-84, 103
Preferência temporal, 14
Price, George R. (1922-1975), 253

Primeira Guerra Mundial, 32, 39
Primeira Internacional *ver* International Workingmen's Association
Primeiro Tratado sobre o Governo Civil ver *First Tract of Government*
Prince-Smith, John (1809-1874), 26, 28
Princeton University, 8, 17, 73
Princípios da Filosofia do Direito ver *Grundlinien der Philosophie des Rechts*
Produção, 13, 16, 18-19, 21, 24-27, 52, 78, 80-82, 90, 96, 107-08, 111, 119, 125, 133, 157, 204
Progresso, 132, 156, 161, 164
Propriedade privada, 16, 21, 35, 42, 44, 51-53, 82, 85, 93, 104, 108, 115, 125, 133, 193, 204, 214, 258
Propriedades emergentes, 200
Proprietário, 21, 56, 77, 82-84, 110-12, 149, 213, 217, 228
Prosperidade, 98, 111, 115, 222
Protecionismo, 166-67
Protestante, 26, 60-61, 130
Prússia, 149, 153-54
Publicitário, 106
Pufendorf, Samuel (1632-1694), 210-11, 226, 230-35, 256

R

Racionalismo, 182-83
Rappard, William (1883-1958), 69, 170, 185
Rahe, Paul A. (1948-), 228
Read, Leonard (1898-1983), 24, 54-56, 58, 69, 175
Realismo científico, 243
Realpolitik, 167

Receita líquida, 156
Rechtsordnung [Ordem jurídica], 51
Recursos, 15-16, 66, 133, 156, 189, 228
Relações Internacionais, 198, 201, 219, 243
Remuneração, 15
Renascimento, 20, 54, 207-08
Renda mínima, 45
Rendimento, 156
Republicanismo, 149
Reus-Smit, Christian (1961-), 198, 201
Revolução Científica, 230
Revolução Industrial, 83
Revolução Francesa, 49, 182
Ricardo, David (1772-1823), 26, 133
Richerson, Peter J. (1943-), 239, 249
Rico, 28, 82-83, 152-3, 159
Rilke, Rainer Maria (1875-1926), 85
Riqueza, 84, 98, 106, 137, 150, 156, 160, 214
Rist, Charles (1874-1955), 178
Road to Serfdom, The [*Caminho da Servidão, O*], de F. A. Hayek, 64
Robbins, Lionel (1898-1984), 36, 42-43, 48, 70, 171
Roberts, Michael (1908-1948), 178
Robespierre, Maximilien de (1758-1794), 91
Robinson, Joan (1903-1983), 91
Rockefeller Foundation, 37
Röpke, Wilhelm (1899-1966), 42-43, 46, 51, 68, 70, 171
Rose, Carol M. (1940-), 203
Rothbard, Murray N. (1926-1995), 20
Rothbardiano, 20
Rougier, Louis (1889-1982), 48
Rousseau, Jean-Jacques (1712-1778), 100
Rueff, Jacques (1896-1978), 48, 178
Rússia, 30, 36, 151, 154
Rüstow, Alexander (1885-1963), 49, 52, 158

S

Sagan, Carl (1934-1996), 260-61
Salário, 15, 88, 166
Samuelson, Paul (1915-2009), 55
Schmoller, Gustav (1838-1917), 30
Schmollerismo, 30
Schnabel, Franz (1887-1966), 178
Schopenhauer, Arthur (1788-1860), 85
Schulze-Delitzsch, Franz Hermann (1808-1883), 28
Scotus, Johannes Duns *ver* Duns Scotus, Johannes
Second Tract of Government [*Segundo Tratado sobre o Governo Civil*], de John Locke, 227
Segunda Guerra Mundial, 24, 42-43, 46, 65
Segunda Lei da Termodinâmica, 196
Segundo Tratado sobre o Governo Civil ver Second Tract of Government
Seipel, Ignaz (1876-1932), 60
Seleção, 156, 176, 238-9, 243, 245, 249, 253
Selfish Gene, The [*Gene Egoísta, O*], de Richard Dawkins, 238-9, 245
Seligman, Edwin Robert Anderson (1861-1939), 30
Sêneca, Lúcio Aneu (4 a.C.-65 A.D.), 228
Sennholz, Mary (1913-), 54
Servidão, 78, 93, 147, 164, 211
Servo, 83
Shakespeare, William (1564-1616), 196

Simons, Henry Calvert (1899-1946), 32, 45, 57, 178
Sindicato, 67, 166-8
Sing Sing, 104
Skyrms, Brian (1938-),
Smith, Adam (1723-1790), 26, 60
Smith, John Maynard (1920-2004), 28, 253
Snow, Charles Percy (1905-1980), 196-97, 200, 241, 244, 251, 260
Social-democracia, social-democrata, 31, 40, 70
Socialism ver *Gemeinwirtschaft: Untersuchungen über den Sozialismus, Die*
Socialismo, 13, 16, 19, 31, 33, 35, 41, 43, 47, 49, 61-63, 65, 90, 96, 103, 150-51, 157-58, 182
Socialista, 20, 29, 31-34, 43, 48-53, 60, 63, 67-68, 85, 88-93, 103, 129, 150-51, 157, 165, 224
Socialismo ver *Gemeinwirtschaft: Untersuchungen über den Sozialismus, Die*
Sociedade, 20, 23, 26-28, 32, 35, 42, 47-49, 51, 64, 89, 90, 96, 100-01, 110, 123-24, 131-36, 139-40, 145-46, 150, 153, 155-57, 159, 173, 181, 188, 193-94, 198, 201, 209, 211, 219, 223, 235, 246, 248
Sófocles (497-406 a.C.), 116, 161
Solomonoff, Ray (1926-2009), 237
Sombart, Werner (1863-1941), 135
Soviético, 20, 98, 116, 152
Sozialpolitik, 45
Spencer, Herbert (1820-1903), 27
Sprott, W. J. H. [Walter John Herbert] (1897-1971), 178

Stahl, Georg Ernst (1659-1734), 133
Stalin, Joseph (1878-1953), 152
Steiner, Fritz George, 37-38
Steinmo, Sven (1953-), 239
Stirner, Max (1806-1856), 27
Stigler, George J. (1911-1991), 69, 171
Stresemann, Gustav (1878-1929), 38
Stuart, 149
Suárez, Francisco (1548-1617), 220
Suécia, 37, 65
Suíça, 9, 37, 68, 170, 189, 194
Sulzbach, Walter (1889-1969), 55
Sumner, William Graham (1840-1910), 30

T

Tácito, Públio Cornélio (55-120), 162
Taine, Hippolyte Adolphe (1828-1893), 120
Taussig, Frank William (1859-1940), 30
Taylor, Harriet (1807-1858), 31
Taylor, Peter D., 253
Tecnologia, 20, 98, 121, 132, 245
Tempo, 12, 14-45, 22, 37, 40, 49, 54, 59, 66, 70, 78, 82, 92, 97, 116, 122-23, 125, 149, 159-60, 170-72, 181, 183, 189-90, 196, 204, 207, 211-12, 215, 219, 221, 224, 235-38, 240-41, 246-47, 252-53
Teologia, 218, 231
Teologia Moral, 230
Teoria da exploração, 14, 59
Teoria da lei natural, 220
Teoria de Pufendorf, 231
Teoria do equilíbrio geral, 127
Teoria do Flogisto, 133
Teoria dos jogos, 202, 236, 248

Teoria objetiva do valor, 13
Teoria quantitativa da moeda, 59
Teoria subjetiva do valor, 14
Terceira via, 34-35, 41-45, 47, 67, 165-66
Tibério, [Tibério Cláudio Nero César] (42 a.C.-37 A.D.), 162
Tingsten, Herbert (1896-1973), 171
Theorie des Geldes und der Umlaufsmittel [*A Teoria da Moeda e dos Meios Fiduciários*], de Ludwig von Mises, 58-59
Thierry, Augustin (1795-1856), 28
Thomas, Woodlief (1897-1974), 55
Tocqueville, Alexis de (1805-1859), 65, 188
Tomás de Aquino, Santo (1225-1274), 128, 213-17, 220, 225
Torquemada, Tomás de (1420-1498), 91
Totalitarismo, 67, 148, 164, 174
Trabalhador, 15, 42-43, 83-84, 90, 110-11, 156
Trabalho, 10, 13, 15, 17, 34, 43, 45-46, 50-52, 89, 98, 103, 106, 119, 121, 127-28, 132, 144-45, 155-58, 180, 185, 190, 202, 205, 210, 214, 224, 228-29, 234, 242
Tratado de Versalhes, 129
Trevoux, François, 171
Truptil, Roger (1901-1993), 178
Tully, James (1946-), 224-25
Turing, Alan (1912-1954), 237
Turroni, Costantino Bresciani (1882-1963), 178
Two, The Cultures [*Duas Culturas, As*], de Charles Percy Snow, 196

U

União Soviética, 20
Universalismo, 235
Universidade de Viena, 13
University of Chicago, 32, 57, 62-63
Utilidade, 13, 131, 176, 182
Utilidade marginal, 14

V

Valor, 13-15, 22, 105-06, 138, 173-74, 182
Valor de troca, 14
Valor de uso, 14
Valor-trabalho, 14
Velasco, Gustavo R. (1903-1982), 68
Veblen, Thorstein (1857-1929), 85
Veneza, 206
Vevey, 9, 66, 68, 170, 194
Viena, 36, 39
Villey, Daniel (1911-1968), 178
Voegelin, Eric (1901-1985), 37
Volker, William (1859-1947), 190
Volker Fund *ver* William Volker Fund
Von Mises *ver* Mises

W

Waldorf-Astoria, 54
Waldron, Jeremy (1953-), 233
Wärneyrd, Karl, 247-48
Washington, George (1732-1799), 149
Watts, Vernon Orval (1898-1993), 69, 175
Weber, Max (1864-1920), 205
Wedgwood, Cicely Veronica (1910-1997), 171, 182
Weltanschauung, 138
Wendt, Alexander (1958-), 207
Whig, 149

Whitman, Walt (1819-1892), 85
Wilhelm II (1859-1941), 45
William Volker Fund, 66, 68, 71, 194
Wilson, Edward O. (1929-), 256
Wirth, Max (1822-1900), 29
Wirtschaftsrechnung im sozialistischen Gemeinwesen, Die [*O Cálculo Econômico em uma Comunidade Socialista, O*], de Ludwig von Mises, 33
Witt, Ulrich (1946-), 208
Wolf, Julius (1862-1937), 32
Woodward, E. L. [Ernest Llewellyn] (1890-1971), 182

Wriston, H. M. [Henry Merritt] (1889-1978), 182

Y

Young, G. M. [George Malcolm] (1882-1959), 182
Young, H. Peyton (1945-), 208

Z

Zwangswirtschaft [Economia de comando], 170

Liberdade, Valores e Mercado são os princípios que orientam a LVM Editora na missão de publicar obras de renomados autores brasileiros e estrangeiros nas áreas de Filosofia, História, Ciências Sociais e Economia. Merecem destaque no catálogo da LVM Editora os títulos da Coleção von Mises, que será composta pelas obras completas, em língua portuguesa, do economista austríaco Ludwig von Mises (1881-1973) em edições críticas, acrescidas de apresentações, prefácios e posfácios escritos por especialistas, além de notas do editor.

O Cálculo Econômico em uma Comunidade Socialista é o famoso trabalho acadêmico de Ludwig von Mises, lançado em alemão no ano de 1920, no qual é demostrada, de modo pioneiro, a impossibilidade do socialismo. O texto analisa o problema da distribuição de bens em um regime socialista, apresenta a natureza do cálculo econômico, acentuando os limites destes em uma economia coletiva, além de discutir o problema da responsabilidade e da iniciativa em empresas comunais.

A Mentalidade Anticapitalista é uma influente análise cultural, sociológica e psicológica de Ludwig von Mises acerca da rejeição ao livre mercado por uma parte significativa dos intelectuais. Em linguagem agradável, o autor discute com clareza e lucidez os principais elementos que caracterizam o capitalismo, o modo como este sistema é visto pelo homem comum, a literatura sob este modelo econômico e as principais objeções às sociedades capitalistas, além de abordar a questão do anticomunismo.

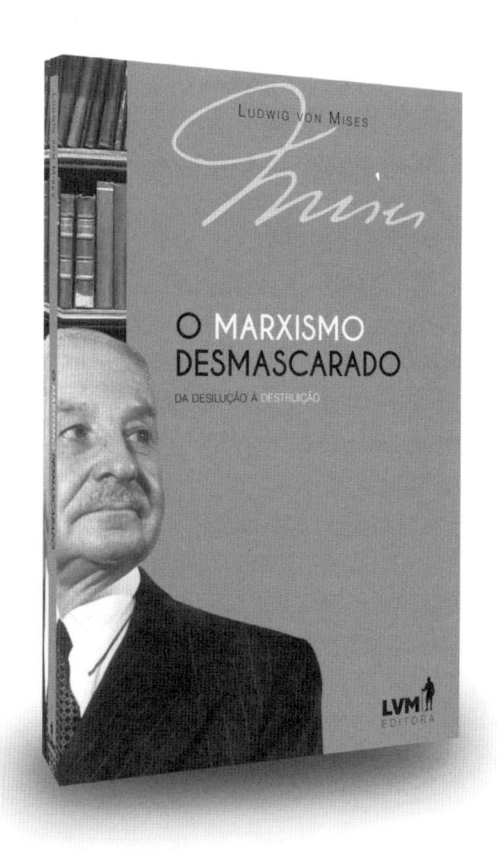

O Marxismo Desmascarado reúne a transcrição das nove palestras ministradas, em 1952, por Ludwig von Mises na Biblioteca Pública de São Francisco. Em seu característico estilo didático e agradável, o autor refuta as ideias marxistas em seus aspectos históricos, econômicos, políticos e culturais. A crítica misesiana ressalta não apenas os problemas econômicos do marxismo, mas também discute outras questões correlatas a esta doutrina, como: a negação do individualismo, o nacionalismo, o conflito de classes, a revolução violenta e a manipulação humana.

Esta obra foi composta pela Spress em
Fournier (texto) e Caviar Dreams (título)
e impressa pela Bartira para a LVM em julho de 2017